培训师资源库系列丛书

201 ICEBREAKERS: GROUP MIXERS, WARM-UPS, ENERGIZERS, AND PLAYFUL ACTIVITIES

201种破冰方法：促进融合、活跃气氛与热身的有趣活动

（上册）（修订本）

（美）伊迪·韦斯特（Edie West）著
王美芳　傅瑶　译

電子工業出版社
Publishing House of Electronics Industry
北京·BEIJING

Edie West: 201 Icebreakers: Group Mixers, Warm-Ups, Energizers, and Playful Activities
0-07-069600-4

版权贸易合同登记号　图字：01-2012-6196

图书在版编目（CIP）数据

201 种破冰方法：促进融合、活跃气氛与热身的有趣活动：全 2 册 /（美）韦斯特（West,E.）著；王美芳，傅瑶译. —修订本. —北京：电子工业出版社，2016.6
（培训师资源库系列丛书）
书名原文：201 Icebreakers : Group Mixers, Warm-Ups, Energizers, and Playful Activities
ISBN 978-7-121-28701-5

Ⅰ. ①2… Ⅱ. ①韦… ②王… ③傅… Ⅲ. ①企业管理－组织管理学 Ⅳ. ①F272.9

中国版本图书馆 CIP 数据核字(2016)第 091936 号

责任编辑：刘淑敏
印　　刷：北京虎彩文化传播有限公司
装　　订：北京虎彩文化传播有限公司
出版发行：电子工业出版社
　　　　　北京市海淀区万寿路 173 信箱　邮编 100036
开　　本：720×1000　1/16　印张：40.25　字数：556 千字
版　　次：2013 年 8 月第 1 版
　　　　　2016 年 6 月第 2 版
印　　次：2021 年 5 月第 18 次印刷
定　　价：148.00 元（共 2 册）

凡所购买电子工业出版社图书有缺损问题，请向购买书店调换。若书店售缺，请与本社发行部联系，联系及邮购电话：（010）88254888，88258888。
质量投诉请发邮件至 zlts@phei.com.cn，盗版侵权举报请发邮件至 dbqq@phei.com.cn。
本书咨询联系方式：（010）88254199，sjb@phei.com.cn。

序

有一天我要写一本书，名叫《微笑的作用和好处》。我怀疑编撰数据就要花一生的时间，而一本书还无法装下所有的内容。

几年前，我在写作《我想成为的人和我接下来想做什么》时陷入瓶颈，一个很善于倾听的朋友问了我一个很重要的问题："你最愿意做的事是什么，你从什么当中能得到最大的满足感？"没有一刻犹豫，我回答："我想让人们微笑。"

我不是喜剧演员。我的儿子们毫不留情地反对："妈妈，放弃吧。你又把有意思的话搞乱了。"那么应该怎么带来微笑呢？并不是一个太难回答的问题。我已经在做了。创造并使用破冰活动和游戏——那些提升舒适度的活动；提倡公开自我理解，并促进对他人的欣赏和同情的活动；同时，让人们走出过去，迅速进入当前状态；在想法上加上新奇的标签；提升创造性思维；并且去除那些容易使人们受到伤害的冒犯性障碍——因此让大家由内而外地微笑。我给大家举一个例子。几年前有 6 个旅行者和我计划乘航班飞往奥尔巴尼，但因天气恶劣航班延迟 4 小时后被取消。我们只能乘坐货车在冰雹雨雪天气中行驶大约 200 英里到达目的地。晚上 11 点钟我们坐上了货车。

在听同伴乘客抱怨了 30 分钟左右后，我冒了一个险。我大胆地告诉他们我们没有理由不从此刻开始就享受这次旅程，尽管过去的几个小时满是苦难。然后我宣布要带大家做几项活动（破冰活动）以便大家互相认识，在到达目的地之前度过比较美好的时光。

只有陌生人之间才会展示出那天晚上大家所表现出的耐心和礼貌。介绍完我将要开展的游戏后，我在人群中寻找支持性的点头和话语以为我能接着介绍一个简单的记住别人姓名的游戏提供勇气。坐在我对面的人首先给出了热情的回应，我将之归功于他们的年轻；坐在中间的 3 个男性勉强答应尝试第一个游戏。我们（我已经得到了支持）邀请坐在司机旁边的那个人来参加"请自便"游戏。他没有理我和另外两名旅客。

但是我继续进行。"第一个破冰活动，"我宣布，"我相信大家非常熟悉，先由一个人开始自我介绍，然后接下来的人重复前一个人的名字，再加上自己的名字。用这种方法我们很容易记住大家的名字。"

第一个人坐在我的左后方，说出他的名字然后传给我。我重复他的名字，然后加上自己的名字。我右边的人重复了第一个人的名字，我的名字再加上他自己的名字。然后传到了中间排座位的人，他们又轮流按刚才的模式接了下去。有时候人们忘了就得再开始一次。

到目前为止，坐在中间排的人已经被调动起来并开始享受我们后面 3 个人的陪伴，我们都在微笑。在第二排完成后，所有人都自发地参与起来。从司机旁边的座位开始，大家按顺序正确且热情地大声重复着我们的名字。我们都很快乐，很快我就进行了下一个破冰活动。

在我们 5 小时后到达奥尔巴尼时，所有人都认为路程比想象的短得多。我们交换了名片，其中一些人一直都保持联系。

本书提供的破冰活动也可以在如下场合或时间使用：

- 聚会
- 婚礼
- 排长队
- 运动比赛
- 营销活动
- 午餐餐厅
- 销售会议
- 演示
- 培训课程
- 读书会
- 网上会话
- 教堂/犹太教会服务
- 年轻团体集会
- 徒步旅行和自行车旅行
- 午餐和晚餐
- 睡觉时间
- 新娘/婴儿欢迎会

致谢

非常感谢麦格劳–希尔的编辑理查德·那拉摩尔，他不仅让我将破冰想法收集成书给大家使用，还一直非常耐心地帮助我直到整本书制作完成。

感谢内部编辑兼活动列表设计师卡罗尔·安·特纳，她想出了很多好的点子，非常热情并一直微笑鼓励。

感谢我的儿子兼得力的电脑专家荣恩·格林，整个过程他一直陪伴在侧，在法学院的期末考试阶段还抽出时间来帮忙整理一些零碎想法。

感谢我的丈夫格莱恩，他鼓励我写作，专注地倾听进展报告，并且在很多场合与我一起想点子（他已经为我的下一本书想出了至少 6 个点子。）

感谢很多为我提供想法和鼓励的朋友和家人。

但最重要的是，感谢我的父母，是他们带着爱让我学会如何去玩。

伊迪·韦斯特

前言

在我向可能用到活动的人介绍游戏部分时，我用下面的话开始整个项目："大家将要做一些游戏，其中一些对你来说非常有用，另一些你需要根据自己的特殊需要进行调整，还有一些你都不愿意承认玩过。"

这本书也是这样。用你认为合适的方法自由地使用、调整或放弃。如果你有一些改编、提示或新的破冰活动要分享，请发给我：

Edie West

8327 Southern Oaks Court

Lorton, Virginia 22079

传真：703-690-9378

电子邮箱：ediewest@aol.com

我们将本书按照我们认为可以帮助你针对特殊用途进行选择的方式做了划分。你可以在目录中找到这些类别。但是因为每个活动都可能适合多个类别，我们将用做多个用途的建议做了一个矩阵表。此外，我们确信你会有自己的方法来进行划分。

每个破冰活动都以同样的方式进行介绍：

- 题目
- 目的：建议用处
- 小组人数：能够进行活动的人数
- 体力活动等级：实际体力消耗
- 道具：需要的材料、设备和供给
- 总结段落：可能对你有帮助的其他想法
- 说明：领导者使用的分步骤说明
- 活动变化：用来调整破冰活动
- 提示：为领导者准备
- 备注：用于想法和观察结果

在每页的小字部分都有一个只为你准备的说明。在为参与者介绍破冰活动时自主使用这部分中的一些或全部内容。

很多破冰活动需要为你准备额外信息，为参与者准备列表或卡片。大多数情况下，你可以在活动后面的一页找到活动中需要的东西。可以复印，剪下，或用任何你喜欢的方式来使用。

既然已经有了破冰活动的内容，那么唯一缺乏的就是你——你的领导力，你的热情，你精彩的娱乐感。记住，如果你微笑，其他人也会微笑！

活动用途表

为你的小组选择最合适的破冰活动！

	调剂冗长、枯燥的发言	大组专用活动	非破冰类型	结束活动	了解你	更了解你	分组	引入话题	会议开始节目	精神有氧操	户外活动	热身活动	纯粹娱乐	自我表露	队伍建设	平静一下/放松
调剂冗长、枯燥的发言																
字母游戏	•			•								•				
年鉴	•					•							•		•	
涂鸦游戏	•			•		•										
“搅局”活动	•		•						•			•	•			
酒足饭饱	•		•	•				•	•	•						
开始同步	•										•	•	•		•	
民意测验	•				•	•						•				
抽签	•											•				
混合游戏	•					•								•	•	
贿赂	•							•							•	
特性	•				•								•			
解雇通知书	•											•				
小型铁人三项	•											•				
拼凑游戏	•		•					•		•			•		•	
主题工作	•									•					•	
你说了！	•							•	•			•				
大组专用活动																
在集市		•										•			•	

	调剂冗长、枯燥的发言	大组专用活动	非破冰类型	结束活动	了解你	更了解你	分组	引入话题	会议开始节目	精神有氧操	户外活动	热身活动	纯粹娱乐	自我表露	队伍建设	平静一下/放松
挤住气球		•			•						•	•	•		•	
碰碰车		•			•							•	•			
创意祝贺		•			•							•	•			
找到同伴		•			•							•				
了解内幕		•			•	•						•				
好运动		•					•				•	•	•			
生日快乐		•			•		•						•			
忘性有多大		•			•							•				
行军装备		•										•	•		•	
疯狂摩托车		•		•						•		•	•		•	
八爪鱼		•			•							•	•		•	
四面八方		•			•							•				
握起来		•			•		•					•				
重大事件		•			•	•						•		•		
误入歧途		•		•		•						•				
与同伴共舞		•			•							•				
多米诺效应		•						•			•	•	•		•	
卡祖笛游行		•		•			•								•	
排排站	•	•				•					•	•			•	
眨眼睛		•			•							•	•			
非破冰类型																
自相矛盾的说法			•					•		•						
极端化			•			•			•						•	

	调剂冗长、枯燥的发言	大组专用活动	非破冰类型	结束活动	了解你	更了解你	分组	引入话题	会议开始节目	精神有氧操	户外活动	热身活动	纯粹娱乐	自我表露	队伍建设	平静一下/放松
好消息、坏消息			•	•				•	•						•	
潮流风向标			•	•				•					•			
缺少的环节		•	•		•							•				
乐器游戏		•	•		•	•		•							•	
道路标志	•		•					•	•	•						
井字游戏	•		•	•				•		•					•	
车如其人			•		•	•										
连你自己都想不到，你是个诗人			•	•		•		•		•				•	•	
结束活动																
Alice 选集			•	•				•		•			•		•	
到达和起飞			•	•				•	•							
在你所在之地开花				•												
“打”牌				•				•				•	•		•	
如果我有一把锤子			•	•				•								
叶子交给我				•											•	
留下提示			•	•												
新！改进！				•				•					•			
馅饼				•				•							•	
问题和答案	•		•	•				•		•						
打造团队		•	•	•									•		•	
星星光，星星亮				•					•						•	
天鹅之歌				•								•	•		•	
我的祖国		•		•	•	•		•							•	

	调剂冗长、枯燥的发言	大组专用活动	非破冰类型	结束活动	了解你	更了解你	分组	引入话题	会议开始节目	精神有氧操	户外活动	热身活动	纯粹娱乐	自我表露	队伍建设	平静一下/放松
基督教青年会		•		•				•			•	•	•		•	
了解你																
头韵联盟					•					•						
黏结气球					•	•						•	•		•	
我们的生活					•	•								•		
最喜欢的事情					•	•										
四张同点	•				•	•										
钓“鱼”					•											
玩偶匣					•	•						•				
无所不知					•											
得到想要的分数					•			•				•	•			
命名团队					•	•			•						•	
征友广告					•			•							•	
随身包包突击检查					•	•							•		•	
勾选游戏	•				•							•				
共享软件		•			•	•								•	•	
姓名游戏					•					•						
时间舱					•	•								•	•	
两人才能跳探戈					•		•									
自选车牌			•		•	•							•			
侦探片	•				•	•						•				
更了解你																
新星诞生						•									•	

	调剂冗长、枯燥的发言	大组专用活动	非破冰类型	结束活动	了解你	更了解你	分组	引入话题	会议开始节目	精神有氧操	户外活动	热身活动	纯粹娱乐	自我表露	队伍建设	平静一下/放松
联想					•	•							•	•		
行李提取					•	•										
与生俱来的权利						•	•					•				
雪花游戏		•			•	•		•				•			•	
代沟						•	•	•								
嘿，你好哇?		•			•	•						•				
如果你能……	•					•		•				•	•		•	
让欢乐时光继续					•	•						•			•	
人生的小提箱			•		•	•							•			
本我、自我和超我					•	•								•	•	
与我最相似					•	•							•	•		
我的偶像					•	•									•	
列表笔记	•					•										
泡菜桶				•		•									•	
快速引用				•		•		•						•		
冰箱磁贴					•	•										
角色互换						•		•							•	
塑形					•	•								•	•	
周游世界					•	•		•				•				
最棒的自己					•	•								•	•	
停车场					•	•								•	•	
文字游戏						•		•					•	•	•	

	调剂冗长、枯燥的发言	大组专用活动	非破冰类型	结束活动	了解你	更了解你	分组	引入话题	会议开始节目	精神有氧操	户外活动	热身活动	纯粹娱乐	自我表露	队伍建设	平静一下/放松
分组																
犬齿类动物							•					•				
不义之财					•		•									
坚果游戏		•			•	•	•									
相由心生					•		•						•			
恐慌俱乐部					•	•	•	•					•		•	
街党							•	•		•					•	
北斗星							•					•			•	
交通噪声							•					•				
打乱水果篮子					•		•					•	•			
引入话题																
影视大片				•				•	•							
接球								•				•				
建设性反馈								•							•	
人物塑造						•		•							•	
烈性犬								•								
悲观								•	•							
50 种方法				•				•					•			
统筹规划				•				•						•		
事务繁忙				•				•								
读者来信						•		•								
积极的思维方式								•	•							
橙子字谜			•	•				•		•		•			•	

	调剂冗长、枯燥的发言	大组专用活动	非破冰类型	结束活动	了解你	更了解你	分组	引入话题	会议开始节目	精神有氧操	户外活动	热身活动	纯粹娱乐	自我表露	队伍建设	平静一下/放松
图片不说谎								•							•	
一件一件来				•			•	•					•		•	
提问性对话					•	•		•								
团队合作的秘诀				•				•							•	
感官表达				•				•					•			
捉迷藏	•			•				•				•				
旋转理想的纱线				•				•							•	
多米诺骨牌								•					•		•	
龟兔赛跑			•					•								
游遍全城							•	•							•	
袒露感情				•				•				•	•			
会议开始节目																
自传						•		•	•							
构建日程表								•	•			•				
装罐				•				•	•							
事已至此			•			•		•	•						•	
我发现	•							•	•						•	
投掷球								•	•						•	
讲故事时间	•							•	•						•	
调音									•			•			•	
时事要闻	•								•				•		•	
精神有氧操																
波段								•		•			•		•	

	调剂冗长、枯燥的发言	大组专用活动	非破冰类型	结束活动	了解你	更了解你	分组	引入话题	会议开始节目	精神有氧操	户外活动	热身活动	纯粹娱乐	自我表露	队伍建设	平静一下/放松
观点进化	•		•			•		•		•					•	
趣味寓言							•	•		•			•			
新闻编辑										•			•			
矛盾修饰法								•		•			•			
巴甫洛夫				•				•		•		•	•		•	
恐惧症								•		•			•			
广播之城								•		•			•		•	
花语										•			•		•	
街头智慧						•		•		•			•		•	
拼字狂人								•		•		•			•	
造字游戏			•							•			•			
户外活动																
传接球							•				•	•	•		•	
沙滩聚会											•	•	•		•	
啦啦队				•							•	•	•		•	
快速推进											•	•	•			
图形游戏											•	•	•		•	
人形巨浪	•	•									•	•	•		•	
标尺		•									•	•	•		•	
热身活动																
物品替换											•	•	•		•	
双人自行车												•	•		•	
动态搭档							•					•	•		•	

	调剂冗长、枯燥的发言	大组专用活动	非破冰类型	结束活动	了解你	更了解你	分组	引入话题	会议开始节目	精神有氧操	户外活动	热身活动	纯粹娱乐	自我表露	队伍建设	平静一下/放松
健身俱乐部												•	•			
线条语言	•											•	•		•	
壁球								•				•			•	
快照											•	•			•	
游泳教学		•									•	•	•			
所在图形					•	•		•	•		•	•	•		•	
糟糕的日子	•				•							•	•			
纯粹娱乐																
清洗机													•		•	
绝妙的标题			•							•			•		•	
热气球快递												•	•		•	
呼噜声												•	•			
橡皮筋												•	•		•	
讲故事				•									•		•	
谁是布偶						•							•		•	
自我表露																
顶住压力，露齿而笑						•		•						•		
哦，我脸红了！						•		•						•		
感怀往事						•							•	•		
枕边细语						•								•		
晾衣服						•								•	•	
投射					•	•								•		
_____的事情						•								•	•	

	调剂冗长、枯燥的发言	大组专用活动	非破冰类型	结束活动	了解你	更了解你	分组	引入话题	会议开始节目	精神有氧操	户外活动	热身活动	纯粹娱乐	自我表露	队伍建设	平静一下/放松
队伍建设																
开心地过每一天						•		•				•	•		•	
纸娃娃												•	•		•	
拟人化				•				•	•				•		•	
童谣改编						•		•					•		•	
星级品质								•							•	
感恩									•						•	
警示牌				•		•		•						•	•	
同舟共济		•										•	•		•	
平静一下/放松																
能量								•								•
踮起脚尖												•				•
释放压力				•				•	•							•
旁观者清						•		•			•					•
保养维护			•	•								•				•

伊迪排名前十位最受欢迎的破冰活动

1. “与生俱来的权利”可以让参加者同情和庆祝——这是两个重要的联系经历。我记得有一组参与者给自己权利去质疑会议剩余部分的规则，因为他们是处于中间位置的孩子。那我还期盼什么呢？（上册 · 267 页）

2. 只为了幽默，“犬齿类动物”一直是我最喜欢的一个项目。（下册 · 3 页）

3. “缺少的环节”是任何场合下都适合的活动，从挨着坐在一起的 1 000 个人，到一个在一起解决问题的小团队。（上册 · 119 页）

4. 大家都特别喜欢“生日快乐”。人们常常可以发现同一天出生的人，也会给出类似这样的评论，“你是 1 月 19 日出生的？那是我妈妈的生日！”任何理由都值得庆祝。（上册 · 71 页）

5. 我喜欢“行军装备”，因为我喜欢游行！（上册 · 77 页）

6. 我最近一次用“疯狂摩托车”时，有一组变成了按摩浴缸。我领导这个活动很多年了——但第一次有变身按摩浴缸的。（上册 · 79 页）

7. 我喜欢“橙子字谜”，因为大家可能享受轻松的比赛，战略和新鲜的滚动的水果，同时重要的单词和概念可以得到强化（另外，房间里会在后来的时间里非常好闻！）。（下册 · 67 页）

8. 气球雕像将在“打造团队”里成为队伍衔接的比喻，每个人都加入到塑造中。我喜欢它的简洁和平静。（上册 · 171 页）

9. “排排站”是永远有效的轻快比赛。大家在体力上活跃起来，我非常喜欢思考让人们“排队”的新方法。（上册 · 101 页）

10. 大家在“标尺”游戏中会非常有创意：身体躺下首脚相连，或者胳膊伸出来指尖相连。看到小组的独创性释放出来总是让人赏心悦目。（下册 · 175 页）

目录

201

ICEBREAKERS

调剂冗长、枯燥的发言

字母游戏

目的：热身活动；调剂冗长、枯燥的发言；结束活动

小组人数：12～26 人

体力活动等级：中

估计时间：2～5 分钟

道具：无

参与者要说出可以强调会议内容的单词，活动中可能会存在轻微竞争。在会议的中间使用该活动可以调节和巩固内容，也可作为会议结尾的总结或用在较长的环节中。注意，有的参与者可能认为这一活动过于简单。

> 我的侄女，Wendy Fay，在我的孩子们小时候教他们玩过字母游戏。目的是使坐车的旅途有趣一些，同时也能提高他们的阅读技巧。我的家庭中现在都是成年人，在长途旅行时仍会玩字母游戏。

说明：

1. 要求参与者站立并排队（或站在座位处）。
2. 告诉参与者这是非常简单的练习。
3. 解释规则。

- 我会对站成排的参与者按顺序说一个字母，站在排头的人从字母 A 开始；
- 说出字母的时候，参与者也要说一个以该字母开头，且内容相关的单词；
- 如果参与者在 3 秒钟内说出单词，他或她继续站立；
- 如果不能及时想出单词，或说出的单词不符合要求，他或她就要坐下，由下一个人说出符合条件的单词；
- 游戏围绕着某个字母会一直继续到有人在 3 秒钟内说出符合要求的单词；
- 游戏将持续到字母全被说完或所有参与者都已坐下；
- 最后还站立的人为胜者。

4. 开始活动。

活动变化：

1. 划分小组，让参与者在纸上写出以每个字母开头的单词。第一个写完的

小组获胜。

2. 划分小组，再按照上面的规则进行游戏。

3. 让参与者以小组为单位坐在桌子周围。然后你随机说一个字母，小组中如果有人想到了合适的单词就站起来。第一个站起来并说出正确单词的人为他所在的小组赢得一分。得分最多的小组获胜。

提示：

1. 你来决定单词与内容的相关程度，并依此来决定单词的准确度。

2. 在确实很难的字母中，试 3 次之后就可以向坐着的人求救。如果他们中有人能说出来，那么求救的人可以再次参加到比赛中。

备注：

年鉴

目的：更了解你；团队建设；调剂冗长、枯燥的发言；纯粹娱乐
小组人数：6 ~ 24 人
体力活动等级：中
估计时间：每次 2 ~ 3 分钟
道具：“年鉴”活动列表，剪成卡片

在这一活动中，参与者将他们就给定话题的所有知识集中在一起，创建最好的年鉴。年鉴对组织中任何层面的参与者都是很好的活动，可在进程中的任何时间使用它来使参与者互动起来，并从中学到些东西。

> 年鉴是可随手翻阅的很有意思的书籍。我惊讶于这 1 000 页左右的书中竟能有这么多的信息。你在其中能够找到以前《Expectation of Life Statistics》、《World Exploration》和《News of Today》的内容。我好奇编辑们是用什么方法决定内容的取舍呢？

说明：

1. 将参与者分成 4 ~ 6 人一组。
2. 向大家说明小组要一起创建口头年鉴。
3. 给每个小组分一个种类的卡片。
4. 指导小组围绕卡片上的话题进行 3 分钟的讨论。比如，如果卡片上是天气，他们就要针对所知道的天气方面的内容进行讨论。其中一个人可能知道接下来 2 天的天气预报；另一个人可能知道上次火山爆发的清理活动；还有人可能知道骨质疏松病人最好待在什么样的气候中。
5. 3 分钟后，告知大家时间到，接着他们会拿到一张不同的卡片。

活动变化：

1. 时间到时让参与者在海报、备注纸或便笺上写下要点。
2. 给每一组发相同的话题，并随后听大家的点评。

提示：

给每组不同的话题。然后每次在小组间交换话题。

“年鉴”活动列表

健康

营养

国内新闻

国际新闻

环境

航空航天

世界历史

地理

娱乐

商业和经济

运动——奥运会运动员

涂鸦游戏

目的：结束活动；更了解你；调剂冗长、枯燥的发言
小组人数：10~40 人
体力活动等级：低
估计时间：不间断
道具：纸桌布；彩色铅笔

这一活动鼓励创造力，并在发言期间让大家用纸桌面和彩色铅笔来画画和记事，以让大家保持精力集中。可以在进程的开始介绍这个活动以让大家增进彼此了解；也或在午饭后拿出来活跃氛围；也可以在结尾时大家一起分享涂鸦成果。

> *涂鸦有益健康。有的人涂鸦是因为有这样的艺术需求要释放；另一些人涂鸦是因为烦闷或想要记录一些想法，事实或灵感。*

说明：

1. 桌上铺好桌布，在大家拿得到的地方放上彩色铅笔。
2. 向参与者说明涂鸦有不同的理由，且不受年龄和艺术天赋的限制。也要说明桌上的纸和笔是让大家享受涂鸦乐趣的。
3. 邀请参与者在桌布上记录他们的情感、想法、灵感、艺术表达、信息、故事和问题。
4. 一段时间后，鼓励参与者花 5 分钟的时间来与同桌的人分享涂鸦作品，并讨论记录下来的相关问题。

活动变化：

1. 向参与者推荐画或写的话题。
2. 只能以图画的形式涂鸦。

提示：

1. 用蜡笔来画画也很有趣。
2. 鼓励大胆的设计和颜色。

“搅局”活动

目的：热身活动；非破冰类型；纯粹娱乐；会议开始活动；调剂冗长、枯燥的发言

小组人数：6～45 人

体力活动等级：中

估计时间：不间断

道具：Legos, Googolplex, Tinker 玩具或一些同类创意积木玩具

这一活动属于“做得少—收获多”类型。人们会喜欢在长的进程或休息时间中有这样来“搅局”的安排。所有类型的小组都会喜欢。

> 有一次我做提高效率培训。我在讲习期间带上了我的 Googolplex 让大家用。在讲习快结束时，我让小组列出全天培训中对他们最有用的观点。我在成年之后的生活中用过这样或那样的方式提高效率，而这次的讲习为参与者提供了非常有用的过程和工具。尽管如此，列表中最有帮助的却是 Googolplex。在我进一步问他们的时候，参与者回答说 Googolplex 帮助他们保持注意力集中，并与谈论的内容更加合拍。不用说，从此之后 Googolplex 成了我背包里的必要工具。

说明：

1. 购买创意积木玩具，比如 Googolplex，Legos, Tinker 玩具。
2. 将玩具放在开放式容器中，并将容器放到桌上大家都能拿到的地方。
3. 进程开始时，向大家解释积木玩具是让他们在聆听并参与培训过程中“搅局”用的。
4. 站着或坐着看会发生什么。

活动变化：

在桌上不放积木，放彩色铅笔、马克笔或蜡笔，还有纸。

提示：

1. 你会对结果感到惊讶，因为这个活动会促进创新、团队建设、开始对话、合作、协作、成就及对话题的兴趣。
2. 在这个简单的活动中我受益颇多，本活动适用于会议、培训和长演讲。

酒足饭饱

目的：精神有氧操；会议开始活动；调剂冗长、枯燥的发言；非破冰类型；纯粹娱乐；引入话题；结束活动

小组人数：5 ~ 25 人

体力活动等级：中

估计时间：每次 3 分钟

道具：物体

一旦参与者知道了将物体比喻不同事物的窍门，这一活动就变得非常简单。休息之后可用该活动来活跃气氛，也可用来吸引注意力。该活动适用于培训或会议小组。

> 在《美国传统字典：大学第二版》中，这样定义比喻：“将两种本质不同的事物进行对比的一种修辞方法，常用 like（像）或 as（如）这样的词引出，比如‘He was as strong as a bull.’（他像牛一样壮）。”

说明：

1. 休息过后，拿出一个物体，让大家传看，并思考。
2. 向大家解释这个活动叫酒足饭饱。活动内容是想出与话题（或组织或小组）相关的这一物体的比喻。
3. 提醒参与者比喻句常常有“像”或“如”等标志性词语。比如，做演讲就像打开一瓶可乐；如果你不品尝并听到开头的碳酸作用，你就会认为其余的都平淡无味。
4. 引导参与者用手中的物体想出与话题相关的一个或多个比喻。
5. 2 分钟后，让参与者与小组分享他们的比喻句。

活动变化：

1. 将组分得更小，并让大家一起思考，然后与其他组分享。
2. 让参与者将比喻写到活页纸上。
3. 在传看物体时，让参与者自然地为比喻起名字。
4. 在持续时间较长的活动中，多次使用这一活动，每次用不同的物体。

提示：

1. 几乎所有物体都可以使用，但如果你拿的物体比较有趣，那么活动的收效会更好，如卷发棒、大礼帽、棒球头盔、音乐盒、泰迪熊。

2. 组织得尽量轻松。

3. 不适用于严肃的场合，如大家对活动内容持反对态度。

开始同步

目的：热身活动；团队建设；室外活动；调剂冗长、枯燥的发言；纯粹娱乐

小组人数：18～200 人

体力活动等级：高

估计时间：开始阶段 3～4 分钟，每一进程开始后的 30 秒

道具：无

在这一活动中，参与者会进行如波浪这样的同步动作，但比波浪更好。将这一活动应用到对挑战或活动感兴趣的小组中。

> 同步：90 年代的行话，意思是“在同一时间发生、存在或出现”（Merriam Webster 大学生字典，第十版）。

说明：

1. 将参与者分为 8～20 人一组。让每组选一个队名。
2. 给大家一分钟时间想一个大家能够一起做的动作，且这一动作能够放松提神。给一些例子，如波浪、舞步和日常锻炼动作。
3. 一分钟后，让大家向其他小组展示所想出的动作。
4. 向大家说明活动进行时你会点一个小组的名字，然后说“开始同步”。听到名字的小组就应该站起来并重复小组动作。当你说“停止同步”时，他们就要坐回到座位上。
5. 告知大家可以随时改变动作，只要组内所有人都想改变即可，要保持同步。
6. 选择一组，说“（组名），开始同步”。
7. 在你感觉他们准备好要休息或活跃一下时，就做这个活动。

活动变化：

1. 给每组一张写有动作名称的卡片。
2. 不做动作，用活动的时间将小组集中到一起聊天。

提示：

1. 座位安排对这一活动影响很小，就算是剧场样式的座位也可以做该活动。一排可以是一组。各组只要站在位置上做动作即可。

2. 小组成员也可以不坐在一起。不管坐哪，参与者都与原来的小组一起站起来做动作。

民意测验

目的：了解你；更了解你；热身活动；调剂冗长、枯燥的发言
小组人数：10～30人
体力活动等级：高
估计时间：2～5分钟
道具：领导用“民意测验”活动列表；挂图、马克笔或投影仪和屏幕。

小组成员会喜欢对各种各样的话题给出并听取意见，比如从天气到最喜欢的颜色。这是让小组成员站起来发言快捷而有趣的方法。在任一活动和任一时间中用这样的活动可以快速热身。

> “你怎么看？”既可以是无意间的问询也可以是带着期望的问题——这是在第二方发现与第三方有不同意见时提问的最多的问题。在这种情况下，虽然只是推测，但潜在于问题背后的信息就是：“我将这个问题抛给你，因为我觉得你会支持我的观点。我是对的吧？”

说明：

1. 告知参与者你会对他们诚实的意见做一个快速测验。
2. 解释规则。

- 我会读一个包括两三个选项的问题让大家做选择；
- 当我第二次读选项时，你以站起来的方式表示选择这一选项；
- 我们会统计选择各选项的人数。

3. 举例，“一年中我最喜欢的季节是夏天、秋天、冬天，还是春天？”然后一个个地大声读四个季节，并数一下每一选项有多少人站起来。
4. 将民意测验的所有结果写在挂图或透明胶片上让大家都可以看到。

活动变化：

1. 在开始时告知参与者你接下来会做一个民意测验，让他们在一张3英寸×5英寸的卡片上写一个话题供你使用。然后用这些话题来进行民意测验。
2. 用这一方法作为对组织问题或想法做民意测验的快捷方式。

提示：

1. 向大家解释这是一种强制选择活动，就算他们不特别喜欢其中任何一项也要给出一个意见。

2. 保持活动轻松、有趣且迅速，尽可能不涉及讨论。

3. 如果有人说“我改主意了”，告诉他为时已晚。

备注：

“民意测验”活动列表

1. 你喜欢一年中的哪个季节：冬天、春天、夏天，还是秋天？
2. 你喜欢哪种类型的音乐：古典、乡村、爵士，还是重金属摇滚？
3. 你喜欢哪种食物：意大利菜、墨西哥菜、中餐，还是法国菜？
4. 你喜欢哪种运动：游泳、有氧运动、跑步，还是骑自行车？
5. 你喜欢哪种口味的冰激凌：香草、像口香糖、咖啡，还是薄荷巧克力？
6. 你喜欢哪种度假方式：湖边野营、骑车横穿加拿大、瑞士滑雪小屋，还是野外自助游？
7. 你喜欢哪种颜色：绿色、棕色、橙色，还是紫色？
8. 星期五的晚上你愿意做什么：租影碟、去看戏、参加怪物卡车表演，还是去跳土风舞？
9. 你最喜欢的节日是什么：七月四日独立日、圣帕特里克节、感恩节，还是劳动节？
10. 一天中你状态最好的时间是：早晨、下午、傍晚，还是夜晚？

抽签

目的： 调剂冗长、枯燥的发言；热身活动

小组人数： 6～40 人

体力活动等级： 高

估计时间： 2～4 分钟

道具： 一个盒子；一个碗或篮子；“抽签”活动列表 I 和 II

这个活动会让大家在等待自己的数字被点到的时候重新活跃起来。将它用在长或枯燥或座位固定的活动中。这个活动对于不太参与活动的小组非常不错。因为参与者是主要的，这些活动更容易接受。

> 我觉得如果每个人每天都做一次“抽签”这样的活动，世界就会变得更好。想一下那会让我们产生多少新想法。

说明：

1. 将活跃活动纸条从活动单 I 上剪下，并放入一个盒子中。
2. 将活动单 II 上的 2 个相同数字发给参与者，并让大家撕开后将其中一个放入碗中。
3. 在活动过程中向大家解释，领导者会从碗里选一个数字并宣读。拿着相同数字的人到前面从盒子里选一张纸条，并按照纸条指示带领小组做活跃动作。
4. 在想让小组站起来活动的时候就可以做该活动。

活动变化：

1. 在活跃气氛和门票对号奖活动中用同一组数字，小组就会对纸条上的内容感到好奇。
2. 给每个参与者发一个号码，告诉他们每人必须在被叫到号码时准备一个活跃气氛的活动并带领大家做。

提示：

给出活动类型的例子，或者叫你自己的号码来做第一个活动。

“抽签”活动列表 I

跳爆竹

碰脚趾

环绕手臂

原地慢跑

提膝

用身体语言拼写出 YMCA

波浪动作

领大家欢呼

变戏法

深呼吸，伸展运动

碰碰车

新式握手

兔子跳绕屋子一周

手舞足蹈

“可爱小蜘蛛”

唱一轮“划小船”

肩部按摩

碰撞

敬酒

“抽签”活动列表 II

1.	1.
2.	2.
3.	3.
4.	4.
5.	5.
6.	6.
7.	7.
8.	8.
9.	9.
10.	10.
11.	11.
12.	12.
13.	13.
14.	14.
15.	15.
16.	16.
17.	17.
18.	18.
19.	19.

20.	20.
21.	21.
22.	22.
23.	23.
24.	24.
25.	25.
26.	26.
27.	27.
28.	28.
29.	29.
30.	30.
31.	31.
32.	32.
33.	33.
34.	34.
35.	35.
36.	36.
37.	37.
38.	38.
39.	39.
40.	40.

混合游戏

目的：更了解你；团队建设；自我表露；调剂冗长、枯燥的发言

小组人数：6～40人

体力活动等级：低

估计时间：每组每次6～10分钟

道具：“混合游戏”活动列表，剪成卡片，每组一套卡片

活动中参与者轮流回答奇怪的、反常的、健康的问题。在多个小组中运用，作为团队建设练习。如果只有一个小组，修改问题以适应这一组。

> 每样东西都可以质疑，但这并不表示有的不可回答，只表示一切都可质疑。绝对之所以称为绝对是因为我们回答了问题。如果你问某人为什么他们相信某种特定的方法，他们常常会这样回答“因为它就是这样”或“已经证明这是正确的”。这些回答可以理解为，“我已经回答了自己的问题”。或者人们会这样想。但有时候人们没有问任何问题。信仰并不是接受被给予的一切；信仰是对问题答案的研究及对这些答案的接受。

说明：

1. 组织参与者以5～8人一组坐在桌边。
2. 在每张桌子中间放一堆混合游戏卡片，背面朝上。
3. 解释规则。

- 参与者轮流从桌上选一张混合游戏卡片。
- 然后每个参与者再选择一个对应的问题。例如，其中一个人选择了坚果混合游戏卡，那么就选择了对应的坚果问题卡。
- 参与者接下来要大声回答问题，让小组成员都听到。

活动变化：

参与者也可以读出问题，让小组成员回答。

提示：

1. 如果可以，在桌上放一些Chex™混合小吃让大家在做游戏的时候品尝，

并提供做法。

2. 问题在卡片后面：脆饼干问题有一点拧；坚果问题有点疯狂；而 Chex™ 问题则比较强烈。

Party Mix 活动列表 I

脆饼干	脆饼干
花生	花生
Chex	**Chex**

Party Mix 活动列表 II

脆饼干 你愿意骑大象还是骆驼？为什么？	花生 你童年的昵称是什么？为什么？	Chex 谁在你的生活中给了你最多的激励？为什么？
脆饼干 你愿意剃光头还是穿鼻孔？为什么？	花生 你最成功的万圣节服装是什么？为什么？	Chex 人类存活在地球上的理由是什么？
脆饼干 有一周的时间，你愿意被困在丛林里还是海上的一艘船里？为什么？	花生 你最尴尬的时刻是什么时候？为什么？	Chex 哪个历史人物能够教给你最多东西？为什么？
脆饼干 你愿意吃猴子的大脑还是猪的眼睛？为什么？	花生 描述一下你最糟糕的发型。	Chex 宇宙中还有其他的智慧生命存在吗？为什么？
脆饼干 你愿意从一座桥上蹦极下来还是从瀑布上坐皮艇？为什么？	花生 小时候父母让你穿的最难看的衣服是什么？为什么？	Chex 你最愿意与谁一起困在岛上？为什么？
脆饼干 你愿意长生不老还是一直不长大？为什么？	花生 你听过的最好的愚人节笑话是什么？为什么？	Chex 成功的真正定义是什么？为什么？

贿赂

目的：引入话题；团队建设；调剂冗长、枯燥的发言

小组人数：6 ~ 20 人

体力活动等级：中

估计时间：1 ~ 5 分钟

道具：每个参与者发放面额不同总值为 100 000 美元的道具钱；与挣钱能力相对应的销售价格奖励；每个参与者 2 个信封

参与者愿意认识到其他人的贡献——在不花费自己费用的前提下。用这个活动来激起大家的兴趣，并保持小组的活力。

> 很多父母想知道让孩子做事并将承担责任看做正常过程（注意我没有说是享受的过程）的最佳方法。我说的内容是指服务的偿付问题。有人称之为津贴，也有人称之为贿赂。我当然更喜欢来回变化——在每次有人不工作的时候就转换一下哲学。我的父母始终不变，工作并不是一种选择，但他们付钱给我却是一种选择。所以我可以将工作做好拿到津贴，也可以做得不是特别好不拿津贴。重点是质量。啊哈！

说明：

1. 参与者到达之前，在一半的信封中各放不同面值的 100 000 美元，写上“赠予”，在其他的空信封上写“认可”。
2. 参与者到达后，发给每人一个写着“赠予”的信封和一个写着“认可”的空信封。
3. 向大家说明所有的钱都是用来奖励在视野、看法或观点上做出贡献的人的。同时解释一下不同的面额用来区分不同奖励。
4. 告诉大家在活动结束时，他们要花掉认可金额。
5. 活动结束时，允许参与者用积累的钱购买奖励。

活动变化：

1. 在桌上放一叠钱，让参与者从中拿钱奖励他人。
2. 用薯条代替美元。

提示：

1. 你也要发出一些钱，尤其是开头的时候，让游戏玩起来。

2. 如果参与者最后把钱汇总在一起买大礼物也不要感到惊讶。

3. 鼓励参与者把每一个有贡献的人都包含在内。活动的目的不是排挤任何人，而是包括每个人。

备注：

特性

目的：了解你；热身活动；纯粹娱乐；调剂冗长、枯燥的发言

小组人数：12 ~ 60 人

体力活动等级：低

估计时间：2 ~ 5 分钟

道具：“特性”活动列表；小奖励，如糖、贴纸或笔

特性是个人了解其他人快捷、轻快和方便的方法。它可以用在长或短活动中的任何时候，参与者可以彼此熟识，也可以完全不认识，也可以用在导入多样化话题。在长的活动中，我推荐每一个小时左右就用几个例子，来增加兴趣和幽默感。

特性是指“一个显著的特点，怪异、怪癖”（根据 Merriam Webster 大学生字典，第十版）。共性将我们带到一起，而特性有时可以增加乐趣。

说明：

1. 让参与者起立。

2. 向参与者说明活动的目的是发现小组的特性。

3. 告诉参与者你会读列表中的内容——一次一个。如果他们对某个类别做出肯定回应则向前一步接受奖励。

活动变化：

参与者传看列表，并让他们单独填写，然后找房间里和他们选择同样类别的其他人。将你知道选择人数多于一人的选项也包含在内。

提示：

1. 让活动快捷、轻快且有乐趣。

2. 在列表上增加特性，可以是与组织怪癖或范例有关的，或是你知道的小组中人的特性。

备注：

“特性”活动列表（领导者用）

1. 2 月 29 日出生
2. 有或有过一只狗名叫点、午夜、幸运或影子
3. 穿着一件由别人选择并购买的衣服
4. 戴着一件传家宝
5. 座驾是哈雷机车
6. 参加体育比赛，比如跑步、滑雪等
7. 喜欢带凤尾鱼的比萨
8. 主动参加慈善基金筹集活动
9. 在另一个州出生
10. 在另一个国家出生
11. 赢得过奖励
12. 从未去过佛罗里达州
13. 写歌或诗歌
14. 课桌整齐而干净
15. 有一个双胞胎兄弟或姐妹
16. 鞋号为 13 号或更大
17. 挤过牛奶
18. 去过华盛顿纪念碑顶
19. 收集邮票或其他收藏品
20. 记得 5 分钱一杯的汽水
21. 去过 Billy Joel 的演唱会
22. 有 8 个或超过 8 个的兄弟姐妹
23. 与夏天相比更喜欢冬天
24. 上过广播或电视节目
25. 修复过老旧汽车或卡车
26. 曾在邮寄表格中获得奖品或奖金

解雇通知书

目的： 调剂冗长、枯燥的发言；热身活动
小组人数： 6~20 人
体力活动等级： 高
估计时间： 2~4 分钟
道具： “解雇通知书”活动列表

在高度互动的小组中使用这一活动来保持大家的兴趣，或在互动性不强的小组中使用让他们更多参与。

> 令我惊讶的是，不为自己规划互动性活动的人常常是那些最喜欢互动性活动的人。一般都是领导者来提出要大家表现得较为活跃。

说明：

1. 复制并剪开“解雇通知书”活动列表，人手一份。
2. 向大家说明一般情况下拿到“解雇通知书”等同于失去一份工作，但在这个活动中“解雇通知书”的作用是让人们得到工作。
3. 指导参与者在研讨会结束之前完成“解雇通知书”活动。他们做完之后，应该将通知书放在一起。
4. 研讨会期间经常提醒参与者在会议结束前要完成“解雇通知书”活动。
5. 会议结束时，查看所有“解雇通知书”。

活动变化：

发放“解雇通知书”，让参与者选择并写下自己的活动；然后重新分配，确保每个人拿到的都是由其他人书写的。

提示：

你自己的“解雇通知书”内容要写出你认为对观众好处最多的活动种类。

“解雇通知书”活动列表

与至少 5 个人握手。

问 2 个人的爱好。

在活动中问 3 个问题。

为他人提供一杯咖啡或其他饮料。

在活动中换座位 2 次。

找出其他 4 个参与者最喜欢的橄榄球队。

在大家离开去吃午饭的时候推进去 10 个椅子。

为 3 个人倒水。

写下另外 3 个人的解雇通知书活动。

大家吃完午饭或休息回来时为一个人拉出椅子。

真心称赞 3 个人。

询问 2 个人他们的工作角色。

讲一个笑话或幽默故事。

在休息间隙整理桌上的材料。

在研讨会期间至少表达意见 2 次。

大家都坐着的时候站起来并伸展一下。

小型铁人三项

目的：热身活动；调剂冗长、枯燥的发言；纯粹娱乐

小组人数：10～40 人

体力活动等级：高

估计时间：每次 5 分钟

道具：“小型铁人三项”活动列表

这是提供不同类型动作并享受做这些动作的一种方法，在大家参加长时间活动时任意使用，可以在任意类型小组中使用。

> 培训需要一种新说法：“啃椅族。”我们常常要求大家一坐就是三四个小时或连续几天，中间只是去洗手间就算是活动。真差劲！有很多可以改善健康和精神状况的途径，包括体力的、情感的和精神的。

说明：

1. 让参与者站立并移动到房间里的开放空间。

2. 向大家解释在坐着听的活动中间间歇性安排一些活动有益于身心健康，你可以向大家介绍小型铁人三项，这个活动大家都可以参与进来。

3. 向参与者解释规则。

- 你要在 3 轮竞赛中不断改善你的节奏。
- 三项活动包括 1 分钟原地跑、1 分钟游泳和 1 分钟原地骑自行车。
- 我们可以一天举行 3 次小型铁人三项——上午休息后、午饭后和下午休息后。
- 如果不能做这些活动，你可以选 3 种有身体刺激的活动。

4. 示范每种活动（自行车可以坐在椅子上完成），给参与者 2 分钟练习这些动作。

5. 让参与者站到位置上准备开始。向大家说明你会吹哨子示意大家开始原地跑；1 分钟后，你会再吹一次哨子提示开始游泳；再 1 分钟后，你会吹哨子提示开始骑自行车。

6. 说“预备，开始”，然后再吹哨子。

7. 在活动之后，提醒参与者他们在下一轮竞赛中有机会提高他们的形式。

8. 第三轮活动之后，颁发小型铁人三项奖牌。

活动变化：

1. 将之变为配对或成组的活动，让参与者同步跑步、游泳和骑自行车。
2. 让参与者建议活动内容，或让他们设计自己的铁人三项。
3. 使用更幽默的活动，如从一面上山、另一面下山，或在泥浆中划单人艇。

提示：

1. 使用有趣的道具，如写着起始线的标识、水瓶或防汗带。
2. 在活动配套的练习中放一些音乐，如跑步时放“火之战车”，骑自行车时放意大利歌剧。

备注：

“小型铁人三项”活动列表

拼凑游戏

目的：精神大脑有氧操；团队建设；引入话题；纯粹娱乐；调剂冗长、枯燥的发言；非破冰类型

小组人数：5 ~ 50 人

体力活动等级：低

估计时间：5 分钟，可在白天间断进行

道具：“拼凑游戏”活动列表

很多人参加研讨会是想马上开始或完成一项任务。拼凑游戏可以满足一些人的这种需求，也可以只作为提供乐趣的游戏，还可以作为导入话题的方法。可在休息之后将之用于提神或小组竞争。

> 很多人都喜欢有一个关注点——即使这个关注点不正确。我在一个危机情境下观察到一些人会关注一个相对并不重要的任务，这样做只是为了有所关注，并有一种他们在做事情的感觉。

说明：

1. 在参与者进入房间时，交给他们“拼凑”列表 1 并邀请他们在课前试试运气。

2. 开始上课后，向大家说明拼凑游戏是要重组一些有意义的单词（包括汽车、国家、甜点、花及其他物品的名字）。

3. 将参与者分为 3 人一组。

4. 告诉大家每次休息之后，你都会发放一个新的“拼凑”列表，他们可以与小组一起拼出所持列表中的单词。

5. 告诉参与者当天活动结束时会奖励准确拼写出最多单词的小组。

活动变化：

1. 在已经建立的小组中应用这一活动。

2. 将之作为个人挑战。

3. 选择一些你正在讲解或大家正在学习的单词，或是关于一个主题的单词（例如，政治或传媒方式）作为“拼凑”列表。

提示：

这完全是为了乐趣，氛围应尽量轻快一些。

备注：

“拼凑游戏”活动列表

拼凑列表 1——汽车

gkuveaolbsnwg _ _ _ _ _ _ _ _ _ _ _ _ _

nmvniai _ _ _ _ _ _ _

gverroeanr _ _ _ _ _ _ _ _ _ _

uimioelsn _ _ _ _ _ _ _ _ _

vbusacotnertilemng _ _ _ _ _ _ _ _ _ _ _ _ _ _ _ _ _ _

kkctppruuic _ _ _ _ _ _ _ _ _ _ _

ewerethenigeleh _ _ _ _ _ _ _ _ _ _ _ _ _ _ _

mycecaharov _ _ _ _ _ _ _ _ _ _ _

iesxflnitiuin _ _ _ _ _ _ _ _ _ _ _ _ _

taunrs _ _ _ _ _ _

拼凑列表 2 ——国家

glaoan _ _ _ _ _ _

benitatedaarumires _ _ _ _ _ _ _ _ _ _ _ _ _ _ _ _ _ _

dneeazlawn _ _ _ _ _ _ _ _ _ _

lataindh_ _ _ _ _ _ _ _

lbgumxeuor _ _ _ _ _ _ _ _ _ _

aacciorst _ _ _ _ _ _ _ _ _

aaeginnrt _ _ _ _ _ _ _ _ _

bliiera _ _ _ _ _ _ _

madrenk _ _ _ _ _ _ _

trusaia _ _ _ _ _ _ _

拼凑列表 3 ——甜品

kepwpealinepsupieddonca ____________________________

risitamu _________

aaabdignnndpu _______________

paocookhclteuandce ______________________

nicalno ________

uberberolycbrble ___________________

fitukeconoroes ________________

pemerimineleguon ___________________

vlabkaa ________

hndadesugeotfu ________________

拼凑列表 4 ——花

achntyih __________

eaazal ______

enrdaiag _________

goldaial _________

dygeeraisrba ______________

foddilaf _________

rymorgglonin ______________

nvboaiiluglea _______________

salacyedsubnke ________________

frosuwenl __________

答案：

拼凑列表 1——汽车

Volkswagen bug
minivan
Range Rover
Limousine
Mustang convertible
pickup truck
eighteen wheeler
Chevy Camaro
Lexus Infiniti
Saturn

拼凑列表 2 ——国家

Angola
United Arab Emirates
New Zealand
Thailand
Luxembourg
Costa Rica
Argentina
Liberia
Denmark
Austria

拼凑列表 3 ——甜品

Pineapple upsidedown cake
Tiramisu
Banana pudding
Chocolate pound cake
Cannoli
Blueberry cobbler
Fortune cookies
Lemon meringue pie
Baklava
Hot fudge sundae

拼凑列表 4 ——花

Hyacinth
Azalea
Gardenia
Gladiola
Gerbera daisy
Daffodil
Morning Glory
Bougainvillea
Black-eyed Susan
Sunflower

主题工作

目的：精神有氧操；团队建设；调剂冗长、枯燥的发言
小组人数：12～20 人
体力活动等级：中
估计时间：2～5 分钟
道具：带有电视剧主题曲的 CD 或磁带；带重放功能的 CD 或磁带播放器；每个参与者一张纸或一支铅笔

这个活动做一次不够。在休息后或任何你感觉需要改善氛围时用这个活动来破冰。

> 我妈妈最近在她的宝箱里发现了我孩提时代送她的一条 Rootie Kazootie 大手帕。有没有人读这个的时候想起了比我那时候还早的事情？

说明：

1. 让参与者在纸上写出标号。
2. 向大家解释你会从几个电视剧中选取主题曲的前几个音符播放。让他们找出对应的数字并写下电视剧的名字。
3. 播放几个主题曲的选段，然后给参与者几秒钟时间写出电视剧的名字。
4. 完成后，重新播放前几个音符，并让参与者写出电视剧的名字。
5. 在会议过程中做 2～3 次这个活动。

活动变化：

1. 允许小组或同桌一起给出答案。
2. 让参与者哼唱主题曲并让其他人猜电视剧的名字。

提示：

1. 参与者确实喜欢这个活动，即使他们记不得电视剧的名字，音乐本身也可以带回童年的记忆。
2. 活动中出现的高手会让大家觉得非常高兴有趣。

备注：

你说了！

目的：引入话题；调剂冗长、枯燥的发言；会议开始时的活动；纯粹娱乐
小组人数：10～20人
体力活动等级：低
估计时间：持续进行
道具：单词卡，每人一个；奖励

参与者会集中注意力，因为他们可能因为专注听讲而得到奖励。在大型活动开头时或在活动前引入这个活动，然后在整个进程中进行。

> 这一活动是关于“被迫听讲”。有时候会议或培训进程的内容非常枯燥，大家都想利用这个时间来补点睡眠了。因此，可以使用一些鼓励听讲和参与的技巧与机关——比如这样的活动。

说明：

1. 给每个参与者发一张写有一个词的字条。向大家解释这一单词与活动内容相关（或与会议、公司等有关）。让大家不要将字条内容告诉他人。

2. 向小组说明下列规则。

- 每个单词都发两次，这样有同一个单词的2个人就相互竞争。
- 每个人都应该注意听另一个使用他所分发单词讲话的人。当他们听到其他人说到这个词时，他们应该大喊“你说了！”
- 你只能在对方没有与你进行对话或回答你的问题时说了这个词才能喊出“你说了！”（因此，你不能迫使他们说出来）

3. 给第一个喊出“你说了！”的人一个奖励。

活动变化：

在小型小组中，每人一个不同的单词。

提示：

1. 可以使用与会议或项目语境相关的单词，或参与者所在公司中常见的单词，如部门或公司总裁的名字，或使用日常生活中的有趣词汇。

2. 奖励的大小并不重要，大家享受的是赢得奖励的过程。

201 ICEBREAKERS

大组专用活动

在集市

目的：团队建设；热身活动；专为大组设计

大组人数：20 ~ 200 人

体力活动等级：高

估计时间：10 ~ 30 分钟

道具：展会卡片，每组一个活动项目，每名参与者一张卡片；生动的音乐

没人能够抵抗住在这一练习中玩耍，因为每组都要以他们在展会中的角色来娱乐别人。最好在项目的中间或结尾处使用这个活动，因为参与者在一起相处一段时间后再做表演不会那么拘谨。

> Altamont 展会在纽约 Altamont 的集会地一年举行一次。村庄里的居民会提前准备好；场地看守人会准备好场馆，商店储存架子，社区小组规划他们的摊位，孩子们找工作，住户提高安全防范，还有一些人会前往度假。开幕前两天，设备和集市雇员到达场地，开始搭建。接下来的一周都会有持续的不和谐音乐，呼呼声还有各种骑马等的声音，害怕（但高兴）的骑手的喊声，各种动物的噪声，还有干草、爆米花、辣味热狗、棉花糖的味道。然后集市就结束了，再开始要一年之后，留下的只有平和、安静和苍蝇。

说明：

1. 将参与者分成 5 ~ 20 人的小组。
2. 按人数给每个小组发卡片。说明每个小组都有一个在集市上可能进行的活动的名称。
3. 在表演时间之前每组会有 5 分钟时间研讨及实践卡片上的事件。
4. 在开始规划和实践之前给出信号。
5. 5 分钟后，每组轮流在房间中间演出。

活动变化：

1. 要求每组提出他们自己的活动。
2. 给所有小组分发同样的活动。

3. 每组要用不同的形式来表演滑稽剧，例如，过山车、摩天轮、旋转木马。
4. 最后，号召大家用工作比喻，例如，“拖拉机牵引就像……”

提示：

1. 这是你举办集市的一个机会。享受吧！
2. 鼓励参与者为每个表演鼓掌。

“在集市”活动列表

拖拉机牵引	摩天轮
镜屋	赛猪比赛
放羊	相畜
掷环具	吃派比赛
亲吻摊位	家畜车比赛

挤住气球

目的：团队建设；热身活动；纯粹娱乐；室外活动；了解你；专为大组设计

大组人数：40 ~ 200 人

体力活动等级：高

估计时间：3 ~ 10 分钟

道具：每人一个气球（再额外准备一些）

这是个高体能活动，团队中每对选手以接力形式与想放松的选手比赛。最好用在只做游戏的活动中，或作为下午提神的工具。

> 我记得以前，学校周日野餐会上我们进行了两人三足接力跑。多么有趣又激烈的比赛。在两人三足比赛中取胜的秘诀就是找一个朋友做搭档，这样就可以在比赛前一周进行练习。费斯·奥麦克和我就是常胜将军。这是一个与活动有关联的经历！

说明：

1. 在房间内的开放空间划出起点和终点线，之间距离约 20 英尺。
2. 将参与者分为 20 ~ 40 人一组站在起点处。
3. 要求参与者在小组中找同伴，并组织大家 2 人一组站成排。
4. 给每个参与者发一个气球。指导他们吹起来并封口。
5. 解释规则。

- 这是接力比赛，目标是整组最先完成。
- 在每对选手移至线前面时，他们应该将气球放在两人之间，拿住气球但不许用手。他们可以自行决定用哪个部位来拿气球（比如背对背，用手臂夹住等）。
- 然后两个选手快速走到终点线再走回到起点，期间气球不许落地。
- 一对选手走回过起点线后，下一对选手出发。
- 每对选手都要参加。
- 如果气球掉了，2 个选手就必须停下来，重新放好气球，再继续前进。

6. 开始接力赛。
7. 向第一个完成的小组发奖品。

活动变化：

1. 对拿气球的方式做明确规定。
2. 要求大家在回来之后要踩破气球。

提示：

这一活动只是为了乐趣——不是严肃的竞赛，氛围尽量保持轻快。

备注：

碰碰车

目的：了解你；专为大组设计；热身活动；纯粹娱乐
大组人数：20 人以上
体力活动等级：高
估计时间：5 ~ 8 分钟
道具：音乐

音乐播放时，大家开始移动，并相互碰撞，在这过程中大家彼此认识。在这过程中听到哨响时向身边最近的“汽车”做自我介绍。在组织活动开始时用碰碰车游戏。大家会非常喜欢！

> 碰碰车非常有趣：开车—碰撞—转弯—再开车—碰撞—噢！现在你陷入了撞车堆里，需要一点时间来解决麻烦，再将车开起来。

说明：

1. 让开过碰碰车的人举手。

2. 请大家将自己想象成碰碰车。描述大家在地板上来回移动的场景，且可以相互“碰撞”。向大家说明常用语“猜我今天碰到了谁？”所用的类比手法。

3. 向大家解释规则。

- 音乐开始时，参与者开始“驾驶”。
- 听到哨声时，他们就要碰撞；每组的司机数由哨声的嘟声数决定。比如，如果听到哨音响了 3 下，就要有 3 个司机撞到一起；如果是 4 下哨音就要有 4 个司机撞到一起；依次类推。
- 撞在一起后，司机可进行自我介绍，说出名字、公司、工作等。
- 如果听到一声哨响，大家应该继续开车。
- 碰撞时，大家应该与之前没有碰撞过的人碰撞。

4. 开始播放音乐。

5. 30 秒钟后，吹 3 下哨子，停止音乐，在继续播放音乐之前给大家 30 秒时间互相交流信息。

6. 在大家“碰撞”20 秒之后，吹 4 下哨子，让大家分享信息。

7. 继续整个过程约 5 个回合——每次吹哨子的次数都不同。

活动变化：

将游戏的名字改为“纽约出租车”，用汽车喇叭声代替哨子。

提示：

进行说明时模仿开碰碰车的动作。

备注：

创意祝贺

目的：了解你；热身活动；纯粹娱乐；专为大组设计
大组人数：10 ~ 500 人
体力活动等级：高
估计时间：2 ~ 5 分钟
道具：无

在这一游戏中，参与者互相见面，然后假装互相祝贺（当然偶尔可能会有真实的）。使用这一快速游戏来让大家热身，而不用太快揭露。在那些喜欢有趣内容的小组中这种游戏最为有效。

> 如果每次我们第一次认识一个朋友就知道他的优点，从而由此引出一场对话，这难道不是一件好事吗？而事实上，我们有时寒暄了 5 分钟就走开了，心里还在想："我希望再也不用与这个人聊天了，因为我没什么要说的。"

说明：

1. 将大家召集在一个能够站得开且能移动的空间内。
2. 向大家说明真心祝贺他人时我们自身也很高兴。更不要说接受祝贺的人感觉有多好了！但由于大家还不太认识，也就不知道祝贺什么内容。这一游戏可以让大家在彼此不了解的情况下得到祝贺的感觉。
3. 指导大家用 2 ~ 3 分钟的时间在室内与尽可能多的人见面。在自我介绍之后，大家应该为另一个人编出一个祝贺的问候。如"祝你 30 岁生日快乐"或"祝贺你的第一本书出版"或幽默的"祝贺你成为第一个没有试验过就进入奥运会的人"。
4. 向大家说明在交换名字和祝贺词之后，两个人要向下一个人移动然后做同样的内容。
5. 向大家说明既可以用同样的也可以用不同的祝贺。
6. 活动进行时间在 2 ~ 3 分钟。

活动变化：

在活动开始进行之前让大家写出幽默的祝贺词。

提示：

1. 做活动示范时，让一位参与者到房间前面，你以幽默的方式来祝贺他。有一次我祝贺一个 20 多岁的年轻人得到为公司服务 25 年的退休金。他脸上的表情让我觉得非常有趣。

2. 这个活动需要大家用笑声来配合。

备注：

找到同伴

目的：了解你；热身活动；专为大组设计

大组人数：20～500 人

体力活动等级：高

估计时间：3～5 分钟

道具：欢快的音乐；领导者用的活动列表

在这个游戏中，参与者找一个有相同点的人组成一对，可以是相似的头发颜色，或两个人都喜欢比萨。“找到同伴”是让大家以一种不产生威胁的方式融合在一起的活动。将游戏应用到活跃的小组中，无论小组成员是否彼此认识。

> 我不知道“找到同伴”这个短语来自哪里，但我有自己的怀疑。也许这个短语是由一个十几岁的孩子发明的，这个孩子放学之后回到家，发现妈妈正在准备做巧克力曲奇的面团，他用手指尝了一下，然后不顾妈妈的反对声又尝了一下。

说明：

1. 要求大家起立，站到房间内可以自由走动交谈的地方。
2. 告知大家在音乐开始后，他们应该开始与人握手并介绍或重新介绍自己。
3. 向大家说明，他们会有机会与另一个参与者做“找到同伴”。
4. 告知大家你会说出要求的共同之处，然后他们就立刻开始找与他们有这一共同特点的组员。比如，如果你喊出“头发颜色”，他们就要找到一个与自己头发颜色相同的人组成一组。
5. 告知大家你会说出很多这样的特点，他们每次都要找一个新同伴。
6. 用提供的活动列表开始游戏。

活动变化：

1. 如果组不大，让大家想出能与另一人组成同伴并活跃起来的方法。给他们 5 次机会找到 5 个不同的组合。
2. 用这个方法来组成 4～6 人的小组，并将游戏名称改为“交心治疗”。

提示：

1. 每次说出不同单词或短语时吹一下哨子。

2. 使用一些对组员特别的词或短语。

3. 每次都可能有人找不到同伴，你可以让没找到的人举手，然后在这些人中迅速开始下一个项目，让他们找到同伴。

备注：

“找到同伴”活动列表

（领导者用）

头发颜色

眼睛颜色

鞋号

最喜欢的颜色

年龄

所养宠物

衣服颜色相同

最喜欢的比萨

身高

最喜欢食物

喜欢的音乐类型

最喜爱运动

最喜欢球队

汽车的种类

每天上班的时间

了解内幕

目的： 热身活动；了解你；更了解你；专为大组设计
大组人数： 10 ~ 100 人
体力活动等级： 高
估计时间： 5 ~ 10 分钟
道具： 哨子

组员会协力通过问问题的方式从其他小组的成员中了解内幕。这是让大家互相了解、通力合作的好方法。在活动开始时使用这个游戏可以让大家开始会面交流，或者在其他时间应用让组员更加活跃。这个游戏并不适合管理型、高度智力型或保守型组员（除非你提出更多要求）。

> 不幸地是，了解内幕是政治家比较喜欢的游戏。成功意味着比对手获得更好的内幕。

说明：

1. 在开放的空间中将大家分为 5 ~ 8 人的小组。
2. 说明小组会有了解其他小组成员内幕的机会。
3. 做下列说明。

- 游戏目的是让大家找出其他小组成员的信息。
- 游戏会进行 4 ~ 5 轮。
- 每一轮中，每个小组都要决定他们想要从其他小组成员身上得到的信息，如中间名，或最喜欢的音乐类型。
- 在我吹哨子时，小组就要散开向尽可能多的其他小组的人问这些问题。
- 正确的程序是两人互相接近，交换姓名，然后彼此提问。
- 在我再次吹哨子时，小组成员归位，分享大家收集到的信息，并选择下一轮大家想要的信息。

4. 引导大家进行 4 ~ 5 轮游戏。
5. 在游戏完成后，问每个小组他们获得了什么样的信息。

活动变化：

1. 为每一小组颁发一个信息单，以便他们可以从中选择收集信息的类别。

2. 要求小组事先准备问题，但不告诉他们得到答案的方式。让他们想一下他们想知道房间中其他人的哪些方面，并写出 5 个。

3. 用这一活动让小组收集某一话题信息，或回答他们写下的问题。

提示：

不要过度使用这一游戏，有时候 3 轮就够用了。

备注：

好运动

目的： 分组；热身活动；室外活动；专为大组设计；纯粹娱乐

大组人数： 20 ~ 200 人

体力活动等级： 高

估计时间： 3 ~ 5 分钟

道具：“好运动”卡片，每人一张

在这个游戏中，大家会通过找到与自己手中运动卡片相同的人来组成小组。在活动中的任意时间都可利用这个游戏来组成小组，在愿意“参加”的小组中使用这个游戏。

> 我的朋友 Alice 和 Betty Allen，住在附近退休社区的姐妹，她们是热心的足球迷——全年都会观看球赛。她们会在秋天和冬天追比赛；春天关注选秀和交易，夏天看训练营，她们了解足球的全部。与音乐一样，运动兴趣是所有人共有的。我们当中有些人会做运动，有些人喜欢看，还有些人会抱怨球员的工资。这就让运动变成全民关心的问题了，对吗？

说明：

1. 给每位参与者发一张好运动卡片。
2. 将参与者带到房间的开阔空间中，在此他们可以自由移动。
3. 告知大家他们要参加的游戏叫做“好运动”。说明这个游戏中没有懒人的容身之所。
4. 说明每人面前都有一张用图画代表的运动卡片。他们要找到有相同运动卡片的人并组成“队伍”。
5. 告诉大家不能将卡片给别人看或说话，在房间移动时他们必须展示各自的动作。
6. 同时说明他们找到有相同卡片的人后，就待在一起继续寻找队伍中的其他人。
7. 3 分钟后，让每组快速展示自己的动作，并让其他组猜是什么活动。

活动变化：

只用某种特定的运动动作，如夏季运动、奥运会项目等。

提示：

游戏开始前你来示范或让参与者来示范动作。

备注：

“好运动”活动列表

生日快乐

目的：专为大组设计；了解你；分组；纯粹娱乐；热身活动；户外运动

大组人数：20～200 人

体力活动等级：高

估计时间：3～6 分钟

道具：无

这一游戏将同月份出生的人分到一组——还可能是一天。该游戏每次都有作用，就算对以前做过的人也是。在任意组中都可以使用这个活动；年龄和规模没关系。

> 我的公公，Tom Greene，刚过完他的 75 岁生日。多么高兴的一件事！我们为他买了一台新电脑，所有配件都很全。这是因为 Tom 虽然已经 75 岁了，但他非常聪明且有创造性，他业余时间还做一本教堂新闻杂志。

说明：

1. 解释庆祝生日的重要性——因为一个人的存在而记住和重视 Ta。
2. 让参与者到处走动，寻找同月出生的人。例如，我的生日在 9 月，我就可以边走边重复“9 月”，以找到同月出生的人。
3. 当参与者以“出生月”分好小组后，让他们从 1 月开始大声说出自己的生日月。
4. 然后让小组成员分享他们具体的生日。
5. 问大家有多少人的生日是同一天。

活动变化：

让月份小组来计划然后演示他们的生日月份，而不要直接喊出。比如，五月组可能会表演在五朔节花柱周围跳舞。

提示：

让这个活动保持轻快、快捷、轻松、愉快。

备注：

忘性有多大

目的： 了解你；热身活动；专为大组设计；纯粹娱乐

大组人数： 8 ~ 100 人

体力活动等级： 中

估计时间： 2 ~ 5 分钟

道具： “忘性有多大”卡片，每人一张；铅笔

参与者将体会到要回忆起不久前才认识的人的具体脸部特征是多困难的一件事。在参与者互不相识的会议开始阶段使用该活动效果最好。

> 最近我经历了一件以前从未经历过的事。我和一位男士之前在两个不同的场合被介绍认识，但当我们第三次碰面的时候，他仍然不认识我。他道歉说：“我记不住别人的脸，但可以记住名字。”而我正好相反，我是记不住名字，但可以记住长相。哪种情况对别人更不尊敬呢？

说明：

1. 让参与者起立并找到一个他们不认识的人，向那个人做自我介绍。

2. 大约 10 秒钟后，告诉他们保持站立，并背靠背与刚才遇到的人站在一起。说明一下他们不准回头看他们的伙伴。

3. 传发“忘性有多大”卡片和铅笔。

4. 指导参加者花 30 秒时间在卡片上写下他们记住了伙伴的什么信息。

5. 30 秒后，让他们转过身来，看看有多少答案是正确的。

活动变化：

1. 不用卡片。就让他们说出记住了伙伴的什么信息，然后让伙伴说出正确与否。

2. 给参加者发空白卡片，并让他们写出记住了什么。

3. 给参加者发空白卡片并让他们简单勾画出伙伴。

提示：

让这个活动进行得迅速而有生气，它并没有持续很长时间的价值。

“忘性有多大”活动列表

请完成下列问题。

眼睛的颜色____________________________

头发颜色____________________________

头发长度/发型____________________________

身高____________________________

穿着描述____________________________

是否戴眼镜？如果戴请描述____________________________

是否戴首饰？如果有请描述____________________________

工作头衔（职位）____________________________

名____________________________

姓____________________________

其他重要特征____________________________

行军装备

目的：热身活动；团队建设；纯粹娱乐；专为大组设计

大组人数：12 ~ 150 人

体力活动等级：高

估计时间：6 ~ 12 分钟

道具：乐队音乐

这是一个让参加者体验游行的极好机会。这一活动在有 40 人或以上的小组中使用效果最佳，并且在参与者需要拉伸身体的休息时效率最好，或在团队需要成就活动时使用也不错。

> 我喜欢游行！从加州的玫瑰碗到新奥尔良的狂欢节再到费城的古装乐团游行（你听说过吗？），我们都喜欢游行。

说明：

1. 将参与者分为 2 ~ 25 人的小组。
2. 鼓励参加者在音乐开始时练习游行（你可能想向他们展示一些比较专业的步伐）。
3. 在他们练习时播放 2 分钟乐队音乐——“左，右，左，右！”
4. 3 分钟后，说明他们要进入游行场地。告诉小组他们现在有 3 分钟时间去设计并练习游行。说明练习时间结束后，每组要向其他组表演。
5. 小组练习时播放音乐。
6. 3 分钟后，请每组来表演，同时播放音乐。

活动变化：

1. 在最后一局，让全部小组在由一人或一组领队的情况下表演。
2. 做同样的活动，给每人发一个指挥棒并让每组用指挥棒表演。指挥棒（尤其是那些从头到尾有带亮色装饰带的）会增加趣味性，快速转动的变化很有幽默感。
3. 不放音乐，让他们自己想办法。

提示：

1. 除非可以享受这个游戏带来的快乐否则不要试图去领导这个活动。

2. 如果使用指挥棒，演示一些动作，尤其是如果不太会绕的情况下；其他人会认为笨拙也没关系。

3. 确保大家会在每组完成表演后鼓掌。

4. 曾经有小组通过唱歌或哼唱来制造音乐。这会增加一些乐趣。

备注：

疯狂摩托车

目的：团队建设；热身活动；精神有氧操；结束活动；纯粹娱乐；专为大组设计

大组人数：24～160人

体力活动等级：高

估计时间：10～20分钟

道具：无

参与者起立并变身为自己选择的摩托车类的某种物体，并在活动中共同协作。这个活动很适合将活动推向高潮，或作为在团队建设中插入的一个成就活动！它总是有效。团队都很喜欢，尤其是工程师。

> 你有没有听过这样的话"我得热一下我的摩托车？"你知道这个表达正是来自这个活动中的一个片段？你不知道我也不惊讶，大多数人还没听说过这个活动。我给你许可在小竞赛里使用它。

说明：

1. 将参与者分为8～16人的小组。
2. 告知大家他们有5分钟时间来变成真正的机动化可移动的物体，这意味着每个人都要扮演为描述物体所必需的一些角色。给出一些例子，如搅拌机或电风扇。
3. 说明在5分钟后，每组要展示一下自己的物体，而其他组来猜他们描述的是什么。
4. 给出开始的信号。
5. 5分钟后，让每组分别展示，同时其他组猜是什么。如果没人猜对，让表演小组揭开谜底。
6. 确保其他参与者在揭示每种物体时会鼓掌。

活动变化：

1. 领导者可以给小组一些备选的表演物体名称。
2. 领导者可以给每组一些奖励，如奖励他们的同步性，团队精神和原创性。

提示：

1. 开放空间效果比较好。
2. 当队员在准备时播放愉快的音乐。

八爪鱼

目的：热身活动；团队建设；专为大组设计；了解你；纯粹娱乐
大组人数：27～90 人
体力活动等级：高
估计时间：4～6 分钟
道具：无

队员要形成八爪鱼的形状并用“爪”向外延展，与人分享。在开放空间和不介意开玩笑的队员中应用这个活动。

> 一种软体动物品种，
>
> 有八个外扩工具，
>
> 会拽会吸，
>
> 有肉食意图，
>
> 我们认为这些海洋生物，
>
> 非常有趣。
>
> 看起来令人敬畏，
>
> 但对我来说很不错。
>
> 伊迪·韦斯特

说明：

1. 将队员分成 9 人一组。

2. 说明每组现在要变成一只章鱼，意味着有个人要作为身体，而其他 8 个人则在“身体”周围绕一个圈，并接触着“身体”。

3. 说明章鱼用它的爪子去感受和学习。

4. 暗示大家尽管小组代表章鱼，但爪子的目的已经改变。小组的爪子是用来传播愉快想法的。

5. 解释规则。

- “身体”要告诉“爪子”他们的任务是什么。他们的目标是将好的想法从“身体”传给房间的其他人。
- “身体”会说这样的事情——“告诉某人你有多爱认识新朋友”；“告诉某人你祝他们在职业中取得好运”；“告诉某人你希望他们明年赢得出版商抽奖大奖”。
- 当我说“爪子出发”时，“爪子”们就会分别走向房间里的一个人，握手与他认识，再交换姓名，然后代表所在章鱼传达信息。
- 当我说“章鱼”时，“爪子”就会回到章鱼旁边。
- 章鱼里的另一个人变成身体，再选择一个信息让“爪子”们传递。

6. 开始活动。做 3 ~ 4 轮。

活动变化：

用这个活动让“爪子”们去取得而不是传递信息或想法。

提示：

在活动中放一些有趣的海洋或泡泡音乐。

备注：

四面八方

目的：热身活动；了解你；专为大组设计

大组人数：12 ~ 200 人

体力活动等级：高

估计时间：3 ~ 6 分钟

道具：哨子

这是让人们相互联系同时得到调剂的好办法。在会议开始使用这个活动或在后面作为热身活动。如果组员互相了解，就用不说话的版本。

破冰活动的主要目的是建立人们能够互动的安全开放的环境。

说明：

1. 让参与者站在有活动空间的开放区域。
2. 解释“四面八方”的规则。
   - 组织者吹哨子并喊出“站一边”，每个参与者都要找一个伙伴。
   - 组织者给出说明——肩并肩，背靠背，面对面。伙伴应该做出相应动作。
   - 当大家做好肩并肩后，他们应该介绍自己的主要信息（名字，在哪里居住或工作）；如果他们是背靠背，就应该说出他们的其他方面（家庭，朋友，团体等）；如果面对面，他们就要说一些个人兴趣爱好等。
   - 当组织者喊出“四面八方”时，4 个人应该站在一起并重复上面的过程——肩并肩，面对面——不讲话。
3. 进行 3 ~ 4 轮，以“四面八方”结束。

活动变化：

1. 所有活动部分都不讲话。

2. “四面八方”中给出不同的数字，如三面全部，六面全部或四面全部，并指导组员以相应数字人数组成一组。最后说“十面全部”，然后看人们怎样手忙脚乱。

提示：

1. 你的喊声音量要高且有特点。

2. 在开始或让所有小组成员完成整个游戏之前先请 4 个参加者模仿活动过程。

握起来

目的：了解你；分组；热身活动；专为大组设计

大组人数：20～250 人

体力活动等级：高

估计时间：2～4 分钟

道具：“握起来”活动列表剪成卡片，每人一张

这一破冰活动让人动起来，握手，互相自我介绍。用来让不认识或不太了解的人见面或作为分组别活动的分组方式。

> 我小时候就知道一次好的坚定的握手表示自信和坦诚，所以我总是这样做——直到我拇指得了关节炎。噢！我现在握手缓和了一些。让人觉得舒适比我给人的印象重要。

说明：

1. 向每人发一张“握起来”活动卡片。

2. 让参与者与不认识的人配成对来练习不同的握手方式。

3. 介绍活动单上每种握手方式——老虎钳、打气筒、抓手、鱼、手指握、摇摆、挤牛奶、叠握、轻击、拳头握。在描述时，鼓励参与者与伙伴练习。

4. 说明每个人都拿着一种握手方式卡片。任务就是走动起来然后与他人握手。在握手时，记录下还有谁与他们使用了一样的握手方式。他们就要与那些人待在一起与他人握手，直到所有握手方式相同的人聚到一起。

活动变化：

1. 不管分组。就让参加者走动起来与他人握手。

2. 让大家使用最喜欢的握手方式。

3. 就让大家握手，然后分享平常大家喜欢使用哪一种。

提示：

在解释模仿各种握手方式时有趣一些，尽量夸张。

“握起来”活动列表

老虎钳——抓住另一只手，好像故意抓住一样。目标是要恐吓。

打气筒——打气打气打气。在握手时将对手的手上下摇摆，你实际是要提高心率。

抓手——温柔而亲切地握住对方的手，“侵犯他人私人空间”的握手方式。

鱼——听过短语“像条酸软的鱼？”这就是你的伙伴在与你进行这种微弱握手时认为他们手里拿的东西。

手指握——就在你的手指尖进行这种半握手。将对方的手指尖拿在手里，然后松开。手掌根本不用。

摇摆——在握住对方的手之后就开始将手前后摇摆，或左右摇摆，好像在拿着手或跳绳。

挤牛奶——你有没有见过有的人过于熟悉地挤你的手就好像他们在挤牛奶？现在轮到你来挤了。

叠握——这种握手方式是将你的另一只手放在握住的两只手上来做一个手三明治。他们认为这种增加的接触可以让你知道他们真心想要握手。你有这样的感觉吗？

轻击——用这种方式就算是握手也会成为用力的体验。当进行这样的握手时，翻过来以便让你的手在上。

拳头握——这种“好兄弟”式握手有时候会有疼痛感。抓住对方的手，然后用左手向对方的后背用力出声地击打一下。

重大事件

目的：了解你；更了解你；热身活动；自我表露；尤其适用于人数较多的团队

大组人数：12～500 人

体力活动等级：高

估计时间：3～5 分钟

道具：无

本项活动中通过猜字谜的方式使参与者进行自我表露——表演出各自生活中经历过的重大事件。只要活动场地可以让参与者以小组为单位围成圆圈形状站立，就可以随时开展本项活动。

> 我最近发现并非所有人都在热切期待生命中重大事件的来临（至少此类人自己不会认同这种想法）。但我会。我甚至会将去杂货店购物或付账这种无须费神的事情想象成为一种重大事件（当然，这不是每次都会奏效）。如果下次你有机会参加一个甚是无聊的聚会，可以让每位参与者描述各自所经历过的重大事件，其结果会让人惊诧不已。

说明：

1. 将参与者按照每 6～12 人一组为单位进行分组，并让各组围成圆圈形状站立。
2. 向参与者解释说明，在本项活动中大家需要找到相互之间生命中的重大事件。
3. 让各组的参与者轮流站到该组圆圈的中心位置，用 20 秒的时间演示——或者是通过哑剧表演——各自生命中的重大事件，但是不可以使用语言交流。
4. 在圆圈中间的参与者进行肢体表演的同时，该组的其他参与者要猜测这是什么事件。
5. 向参与者说明，每人都有 20 分钟的时间进行表演。

活动变化：

也可以让参与者描述事件发生的情境，但是不要直接说出该事件。比如，如果有参与者想要描述自己参与马拉松赛跑的经历，就可以说“我为了这件事准备了好几个月，当事情结束的时候我感到非常疲劳，我要保证自己没有因为缺水而虚脱，而且穿着暴露的衣服”等。

提示：

组织者在介绍本项活动的流程时，可以先演示一个自己亲身经历的重大事件（如获得某项奖励、生孩子或到非洲旅游）。

误入歧途

目的：热身活动；更了解你；结束活动；尤其适用于人数较多的团队

大组人数：20 ~ 200 人

体力活动等级：中

估计时间：10 ~ 20 分钟

道具：将参与者以每 10 ~ 20 人一组为单位进行分组，向每组发放一个毛线球

本项活动的出发点在于词语“yarn”的双层含义，参与者要不断地缠毛线球，并同时进行故事接龙。这是一项可以将会议氛围推升至最高点的活动，还可以达到调节放松的目的，同时也可以增进参与者的相互了解。

> 缠毛线球可以让人联想到针织或者是为心爱的人打毛衣的场景。但是“纱线”一词在英语中还有通过奇思妙想编造故事的意思。因为这种双层含义往往会激发正面意义的思考，在会议中开展一边缠线球一边讲故事的活动总会让参与者发出会心的微笑。

说明：

1. 将参与者按照每 10 ~ 20 人一组为单位进行分组，并向每组发放一个毛线球。

2. 向参与者解释说明，一旦活动开始，各组成员就要围坐成紧密的圆圈形状，并在组员之间来回传递毛线球，直至该组的每位成员都曾经接到过毛线球。在这个过程中，每当毛线球传至一位参与者手中时，他就要在毛线球上串上一个自己身穿的物件——比如一块布或者一个小首饰等——再将毛线球传给其他参与者。

3. 发出开始信号。

4. 当毛线球在一组内传递完毕之后，就要开始拆卸毛线球的活动。每当一位参与者从毛线球上拿下一个物品时，就要同时编造一个故事——该名参与者将如何把从本次会议中得到的经验运用到自身生活和工作中。

活动变化：

1. 为了增进参与者之间的亲密感，可以让参与者讲述有关于其自身的经历。

2. 如果本项活动是为了达到调节放松的目的，可以让参与者讲述自己从本次会议中获得的一个收获。

3. 也可以在进行本项活动时让各组比赛编制以及拆卸毛线球的速度。

提示：

1. 组织者可以先行讲解自己从本次会议中得到了哪些收获作为示范。
2. 本项活动最好在没有桌子之类障碍物的场地进行。
3. 鼓励参与者为各自的故事加工润色。

与同伴共舞

目的：更了解你；热身活动；尤其适用于人数较多的团队
大组人数：40～200 人
体力活动等级：高
估计时间：2～3 分钟
道具：乡村音乐

在本项活动中，参与者通过进行传统方块舞的表演以轻松愉快的方式进行自我介绍。可以在晚间会议中进行本项活动，也可以组织开放性的团队进行本项活动。

> 本周，乡村音乐地方电台 WMZQ 将要举办比赛。每天将会播出一首歌，然后指定三名听众。如果被点到姓名的听众能在 20 分钟之内打电话至电台就可以获得奖励。事实上我并不是一个乡村音乐的热心听众，但是电台还是有我的电话号码。他们打来电话问我是否要参加。何乐不为呢？没有任何理由能阻止人们参与游戏。所以这一周以来我一直在听乡村音乐。我确信，以后听广播的时候不可能不微笑、拍手或上蹿下跳。

说明：

1. 组织参与者在开阔的场地站立，并留出活动空间。
2. 提醒参与者传统方块舞的舞步，让大家手肘挎着手肘围成圆圈形状站立。让参与者先进行练习，左臂相互碰撞，然后是右臂相互碰撞。
3. 本项活动的目的旨在让参与者在很短的时间内尽量多的结识新朋友。
4. 音乐开始，参与者就开始在活动场地跳传统方块舞，与其他参与者通过右臂肘碰击后再向前进与另一位参与者左手肘碰击。在相互搀扶跳舞的时候进行自我介绍，只需要说出各自的名字（或者是昵称），如“我叫苏珊”。
5. 开始活动。

活动变化：

也可以在舞步中加入背靠背换位之类的其他舞步。

提示：

1. 本项活动充满欢乐并且非常消耗体能。
2. 不要长时间进行本项活动，每次最长进行 1 分钟。

多米诺效应

目的：热身活动；纯粹娱乐；队伍建设；引入话题；尤其适用于人数较多的团队；户外活动

大组人数：20 ~ 200 人

体力活动等级：高

估计时间：5 ~ 10 分钟

道具：无

为了让参与者活跃起来，可以让他们堆砌多米诺骨牌或类似的游戏。对于那些愿意参加趣味活动的参与者，本项活动可以达到调节放松的目的。而对于那些不太愿意参加趣味活动的参与者，可以通过为更严肃的方式开展本项活动，即讨论多米诺骨牌效应。

> 由于轻松有趣、简单易学，堆砌多米诺骨牌是老少咸宜的一种游戏。去年冬天，我基本每天晚上都会和我岳父以及他的一位朋友（最终嫁给了我岳父）一起玩多米诺骨牌——当然规则由他们制定。在我记忆中，大部分都是他们赢了。

说明：

1. 将参与者按照每 10 ~ 20 人一组进行分组。
2. 向参与者解释说明多米诺骨牌效应——在某种特定情况下，一件事件会引发另一件事，另一件事会再次引发新的事情，如此循环，类似多米诺骨牌中一个骨牌的倒掉会引发一连串的骨牌依次倒掉。
3. 向参与者说明，各组成员需要按照下述步骤演示一个多米诺骨牌效应的事件。
   - 各组成员有两分钟的时间决定怎样安排布局并对其进行练习（比如，开始小组成员呈站立姿势，然后依次弯腰再站起来）。各组还可以安排一种超出小组人数才能组成的复杂阵型。
   - 当一组进行多米诺骨牌阵型演示时，其他参与者作为观众。
4. 指导参与者开始制定策略。
5. 两分钟准备时间过后，每次让一组走到醒目位置为大家演示本组所创的多米诺阵型。如果本组人数不够，可以邀请其他小组的成员共同参与。

活动变化：

还可以让每组想出一种供所有参与者共同完成的阵型，然后让所有参与者共同对各组制定的阵型予以演示。

提示：

1. 组织者可以带去现场一副多米诺骨牌，并以某种阵型排列骨牌。先推倒第一块骨牌，然后邀请所有参与者一起观看多米诺骨牌的连锁倒掉。

2. 鼓励参与者设计尽可能复杂的骨牌阵型。

卡祖笛游行

目的：分组；队伍建设；尤其适用于人数较多的团队；结束活动

大组人数：20～200 人

体力活动等级：高

估计时间：15～30 分钟

道具：向每位参与者发放一支卡祖笛

尽管并非所有参与者都会演奏卡祖笛，但是或多或少地都能吹出声音以及走出排列阵型，这样参与者有机会在本项活动中创建自己的卡祖笛游戏阵列。本项活动属于高耗能活动，适用于有关于创造力、压力管理以及队伍建设的会议。

> 在费城，每年的 1 月 1 日有一个非常精彩的传统活动——卡祖笛游行。由于我的父母亲都是生长于南费城，我们还很小的时候就被带去参加卡祖笛表演了。这种阵型介于舞蹈和游行步调之间——是一边前进一边跳舞。这种游戏列队的方式很好地体现出团队合作精神以及精准无误的执行。

说明：

1. 将参与者按照每 10～20 人一组为单位进行分组。

2. 让参与者想象一场宏大精彩的游行，华服组的成员身着制作精美的衣服，还有用缎子、亮片和羽毛装饰而成的花车；喜剧组的成员要么踩着高跷、要么站在马车上、要么步行与观众互动，所到之处一定会有引发阵阵的欢笑声；乐队组的成员身穿带有彩色图案的制服，并插有随风飘逸的羽毛，踩着传统的舞步、唱着传统的歌曲并演绎传统的阵型，每一步都是那么优雅而精准。这种场面就是每年 1 月 1 日在费城举办卡祖笛游行时的场景。

3. 向参与者说明，由于缺少服装、道具及特定的舞步，大家无法完全复制卡祖笛游行，但是可以充分发挥想象力和创造性，完成富有自己特色的游行方式。

4. 每组成员有 5 分钟时间确定并演练本组的游行方式，并需要使用组织者所提供的乐器，即卡祖笛（因为本项活动名为“卡祖笛游行”）。

5. 向每组发放卡祖笛，并让其在 5 分钟内设计并演练 30 秒的游行表演，并将表演呈现给其他参与者观看。

6. 5 分钟之后，让各组依次上前为其他参与者做出表演。

活动变化：

1. 可以让参与者通过哼唱的方式代替真正的卡祖笛演奏。

2. 在介绍活动流程的时候，可以使用类似于玫瑰花车大游行之类参与者非常熟悉的游行方式代替卡祖笛游行，但是别忘记相应地更改本项活动的名称。

提示：

1. 鼓励参与者创建“轮到你表演”之类的主题，让参与者在活动中得到快乐。

2. 不论如何，给予参与者一定自由，演奏卡祖笛的方式不仅限于专业性的方式。

3. 向参与者介绍如何正确使用卡祖笛。第一次开展本项活动的时候，有许多的参与者说自己收到的卡祖笛“坏掉了”，最终我发现真正的原因在于大家不知道如何使用卡祖笛。

备注：

排排站

目的：热身活动；更了解你；调剂冗长、枯燥的发言；尤其适用于人数较多的团队；队伍建设；户外活动

大组人数：16 ~ 200 人

体力活动等级：高

估计时间：5 ~ 7 分钟

道具：“排排站”列表

在本项活动的开始阶段，可以让参与者按照身高或者姓氏笔画排成长队，随着活动的进行，参与者可以创造出其他排队的顺序。本项活动可以打破沉闷或者调解长时间坐着的疲劳，同时参与者可以在此过程中增进相互的了解。本项活动适用于任何类型的参团队。

> 认识一个人多久之后你才注意到此人穿多大的鞋子？还有此人的臂长、国籍、最喜欢的颜色及此人有多少兄弟姐妹？

说明：

1. 将参与者按照每 8 ~ 12 人一组为单位进行分组。

2. 向参与者说明，大家在本项活动中有机会了解到相互之间不会特别留意的个人信息。

3. 解释规则。

- 本项活动是一种小组竞赛。
- 组织者会发出指令让参与者按照指令要求排队站好。
- 每当指令发出，各小组需要尽快按照指令排队站好。
- 每当一个小组即将排好队列，其组员需要拍手示意。

4. 先进行练习以熟悉流程。让各小组成员“按照身高顺序排队站好，并拍手示意队列完成”。

5. 开始本项活动。每当按照一种指令排队后，确定出第一个拍手示意的小组，并宣布该小组为本轮次的获胜者。

活动变化：

1. 可以在时间比较长的会议中多次开展本项活动。

2. 也可以让各小组决定具有该组特色的方式告知组织者排队完成（如喊口令、哼唱歌曲、举手等）。这会为本项活动增添不少乐趣。

提示：

1. 尽管这是一种小组竞赛，但是尽量使活动氛围轻松愉快。

2. 鼓励参与者大笑或者是进行相互之间的趣味点评。这会增加活动的趣味性。

3. 不论是组织者还是参与者，在给予点评的时候要保持公正客观的立场。

“排排站”活动列表

（仅限领导者）

1. 按照所穿鞋子的尺码排队。
2. 按照参与者的臂长排队。
3. 按照最喜欢颜色的单词字母顺序排队。
4. 按照兄弟姐妹的数量排队。
5. 按照国籍单词的字母顺序排队。
6. 按照头发的颜色，从浅色至深色的顺序排队。
7. 按照年龄，从小到大排队。
8. 按照在目前公司供职的时间长短排队。
9. 按照名字的首字母顺序排队。
10. 按照姓氏的首字母顺序排队。
11. 按照所养的宠物数量排队。
12. 按照头发的长度，从长到短排队。
13. 按照曾经骨折过的次数排队。
14. 按照居住地址街道号码的顺序排队（如十一大街 1111 号，橡树区 8327 号，海滩道 15444 号）。
15. 按照鞋跟的高度，从低到高排队。

眨眼睛

目的：了解你；纯粹娱乐；热身活动；尤其适用于人数较多的组
大组人数：30 ~ 300 人
体力活动等级：高
估计时间：2 ~ 5 分钟
道具：无

本项活动中，参与者有机会进行自我介绍并接触新朋友。本项活动适用于那些来自不同部门且相互之间不太熟悉的参与者。选择那些乐于参加趣味游戏的参与者进行本项活动。

> 不论是用来调情还是表示了然于胸，眨眼睛这个动作都有着深层次的暗示。最为普遍的暗示就是："这是我们之间的小秘密，别让其他人知道。"

说明：

1. 在活动开始前，指定 3 ~ 15 人（视活动当天的具体情况而定）承担"眨眼睛"的角色，即指定这部分参与者为眨眼者。
2. 向参与者说明，本项活动的目标是尽量避免眨眼睛。
3. 解释规则。
   - 先行指定 3 ~ 15 名参与者为眨眼者，但是不要让其他参与者知道他们是谁。
   - 眨眼者为了摆脱这个身份，每当遇到一个参与者就向其眨眼睛，这些参与者其后需要向遇到的其他参与者眨眼睛以摆脱这种身份。
   - 每当有人向你眨眼睛，你就要接受这个眨眼者的身份，直到遇到其他参与者并向其眨眼睛后才算摆脱了这个身份。
   - 游戏时间到，未能摆脱眨眼身份的参与者就输掉了游戏。
4. 开始本项活动。
5. 将每轮游戏的时间控制在 2 ~ 3 分钟时间，每轮游戏结束时让当时的眨眼者举手示意。

活动变化：

如果参与者的总人数不是很多，指定1～2名眨眼者即可。

提示：

1. 组织者先行示范眨眼睛的动作，在与其他参与者握手的时候尽量夸张地做出眨眼睛的动作。

2. 谨记并不是所有人都会眨眼睛。如果有参与者表示自己不会眨眼睛，要给予他们信任！指导这些参与者按照自己的方式眨眼睛。

201

ICEBREAKERS

非破冰类型

自相矛盾的说法

目的：引入话题；非破冰类型；精神有氧操
小组人数：10 ~ 40 人
体力活动等级：中
估计时间：10 分钟
道具：活页夹；马克笔

参与者在本项活动中会发现并指出公司内部的一些自相矛盾的信息——有时会指出一些公司正在推广的自相矛盾的想法。可以在会议进行过程中的任何时间段进行本项活动。

美语里有一种说法叫做“同时用嘴巴的两边说话”。这句话用来形容那些说出自相矛盾话语的人。有时这种自相矛盾的信息源于当时特定的情境，有时却非如此。在公司里，一旦发布了一些自相矛盾的信息，员工们总是能在第一时间里发现这种矛盾性，但是却无法了解到这种信息产生的情境。这是员工们“埋怨”公司的另一个理由！

说明：

1. 将参与者分为 3 ~ 4 人一组。

2. 提供一些含有自相矛盾成分的名人名言，比如，“三思而后行”与“迟疑者必将痛失良机”，或“眼不见心不烦”与“距离产生美”。

3. 让参与者自行思考出其他自相矛盾的名人名言，并将其写在活页夹纸上。

4. 向参与者说明，公司发出含有自相矛盾信息的原因是多种多样的。比如，一贯坚持“品质第一”的公司，向员工发出指令“每浪费一张纸就降低了每个人的目标收益”。

5. 让参与者用 1 分钟的时间与其他参与者交流各自公司内部发布的一些自相矛盾的信息。

6. 每组有 2 分钟的时间为所列举的这些自相矛盾的信息命名。

7. 2 分钟之后，让各组成员报告所总结的自相矛盾的信息，并指出这些信息的不协调之所在。

8. 最后得出本项活动的结论，即不论公司发布的自相矛盾的信息是情有可原的还是会对达成公司目标造成毁灭性影响的，都需要员工的理解。

活动变化：

为参与者提供一些公司内部自相矛盾的指令，并让参与者试图理解这些信息的产生背景和意图。

提示：

1. 本项活动的开展氛围由组织者设定。如果组织者希望参与者理解公司内部组织性沟通的难点，可以将活动氛围设置为严肃深沉的。也可以根据实际需要将活动氛围设定为轻松愉快的。一切都由组织者决定。

2. 如果组织者不想触及公司政治的问题，可以回避本项活动。

备注：

极端化

目的：更了解你；队伍建设；会议开始节目；非破冰类型
小组人数：8～200 人
体力活动等级：中
估计时间：2～4 分钟
道具：向每位参与者发放一张“极端化”活动列表

在本项活动中，参与者有机会交流相互之间有过的最好及最糟的经历。针对那些定期会面或相互间非常了解的参与者，本项活动可以达到破冰的效果；也可以在有关队伍建设及组织发展的会议中开展本项活动以达到自我表露的目的。

> 有些人比较极端，喜欢描述具有极端化意义的生活经历：最寒冷的天气、最棒的旅行经历、最严重的一次流感、最有趣的一本书、最糟的工作、最好玩的聚会及最美好的友谊。

说明：

1. 让参与者想出各自在上一周的时间里经历的最好以及最糟的事情，并将这些事情写在相应的卡片上。
2. 指导参与者与本组的其他成员交流这些经历。

活动变化：

1. 可以为参与者提供一些话题范围，如在各自所属的团队中经历过的最好及最糟的事情，或是各自公司所经历的最好及最糟的事情。
2. 如果当天的参与者人数比较多，可以让参与者组成 2 人组，相互分享极端化的经历。

提示：

1. 本项活动为参与者提供交流各自经历的机会，非常有趣。
2. 先由组织者向参与者讲述自己最好及最糟的经历作为示范，来开启本项活动。

“极端化”活动列表

最好

最好

最糟

最糟

好消息、坏消息

目的：队伍建设；结束活动；会议开始节目；引入话题；非破冰类型
小组人数：5～12人
体力活动等级：高
估计时间：5～6分钟
道具：尺寸约为3英尺×12英尺的活页纸；马克笔或蜡笔

好消息、坏消息这项活动为参与者提供了一个类似论坛——当然是在纸上——的场合，对自己所属团队或公司的观念形成快速的评估。本项活动适用于那些来自相同公司的参与者，尤其是适用在召开有关于确定改革以及问题解决策略的会议开始阶段。

> 我和丈夫一般会利用晚间的时间段快速概览一下当天所收到的好消息以及坏消息。我们一般会先互换一些好消息，因为这样比较愉快。有趣的是，当我们真正交换那些所谓的坏消息时，那些坏消息所引发的"刺痛"已经烟消云散，统统湮没在好消息所带来的喜悦之中了。

说明：

1. 在墙上或者是桌子上贴上纸张，并在其上画一道竖线将纸张分为两列，一列命名为好消息，另一列命名为坏消息。
2. 让每位参与者选择一支马克笔或者蜡笔，然后填写各自的列表。
3. 向参与者解释说明，本项活动的目的在于让参与者将自己对于所属公司或团队的认知写在纸上。让参与者思考正在发生的事情哪些是具有建设性的——好消息，而哪些是具有破坏性的——坏消息。
4. 向参与者解释说明，各组成员有3分钟时间依次填写好消息以及坏消息。
5. 填写结束后，让参与者后退至可以纵览整张列表的距离站定，阅读列表。
6. 让参与者阅读墙上的所有列表。
7. 向参与者解释说明本项活动与日程表的融合程度。

活动变化：

1. 让参与者大声朗读出各自的评论。

2. 如果在某个会议或者是致力于问题解决的聚会中，可以将好消息、坏消息的主题规定在当日会议的主题范围内。

提示：

1. 在员工会议上开展本项活动，可以很好地衡量出公司目前存在的问题。

2. 如果是在队伍建设的会议中开展本项活动，可以将好消息、坏消息的主题规定在有关于团队的范围内。

3. 如果参与者已经对公司持有根深蒂固的不满情绪，则不适合开展本项活动。除非当日会议的目标就是收集参与者压抑性的不满。

备注：

潮流风向标

目的：引入话题；结束活动；纯粹娱乐；非破冰类型

小组人数：4～20人

体力活动等级：低

估计时间：4～6分钟

道具：活页夹及马克笔，最新的“潮流风向标”列表

本项活动中，参与者通过创建与指定话题相关的“潮流风向标”列表展示自己在这个领域的知识。可以在引入或回顾诸如管理、沟通、客户服务及企业道德的话题时开展本项活动，也可以通过开展本项活动为会议增添乐趣。

> 每到年末，我都翘首以盼周末版中潮流专家所撰写的“潮流风向标”。而令我最为苦恼的问题是：我刚刚接受并适应某一种最新潮流，就又有新的潮流取而代之了。这种规律适用于服饰、装修风格，甚至是发型。我才刚刚开始接受短小、有弹性、无须精心打理的发型……

说明：

1. 阅读最新近的“潮流风向标”列表。

2. 向参与者说明，由于列表是印刷而成不能更改的，如果有些参与者并不同意列表的内容，也只能将就。

3. 向参与者说明，在某些特定的情境中，总会有一些为大家普遍接受的行为模式，和一些大家普遍反对的行为模式，还有一些人接受而另一些人反对的行为模式。在这个问题上没有放之四海而皆准的普遍标准。

4. 向参与者介绍本次会议的主题，并让参与者对本次会议的一些观点做出评价。

5. 由组织者邀请参与者共同创建有关本次会议主题的行为模式“潮流风向标”列表。

活动变化：

1. 先让参与者为各自所属的公司创建一份“潮流风向标”列表，再让参与者创建一份关于本次会议主题的列表。

2. 可以参照脑筋急转弯的形式开展本项活动，让参与者创建一份当年的“潮流风向标”列表。

提示：

注意是否有参与者想把主题改为“谁更流行”或“谁落伍了”。如果这样的改变与会议预设主题无关，组织者可以拒绝这样的要求。

缺少的环节

目的：了解你；热身活动；尤其适用于人数比较多的团队；非破冰类型

小组人数：10～400 人

体力活动等级：高

估计时间：5～10 分钟

道具：无

当参与者在本项活动中开始交换意见的时候，没有人可以预知他们之间存在着怎样的关联。本项活动非常适合在会议开始阶段进行，当然也可以在会议进行的任何时间点进行，以达到调节放松的目的。

> 我的同事卡罗尔·安妮·特纳告诉我，她和丈夫罗杰在闷热的 8 月夜晚决定参加一个在夜间进行的游侠式自助旅行，目的地是犹他州的著名景区布莱斯峡谷，以观赏满月。此外还有另外 4 个家庭也报名参加了这次旅行——这是一次少有的旅行经历，因为只有在满月的时候才有这样的活动。其中的两个家庭由于显而易见的纽约口音在旅行开始不久就熟络起来并开始聊天，他们交流了各自家庭在大都会纽约的生活经历。在这用充满探索性的对话中，他们很快发现，年轻夫妇现在居住的房子正是几年前从年长夫妇那购得的。由于距离的关系，所有的购买手续等都是通过房产经纪人以及律师办理的，这两对夫妇从未碰过面。这样陌生人之间确实存在关联性的概率有多大呢？反正统计学家宣称，由于技术革命带来的改变，人们的距离正在逐步缩小，发生类似事情的概率是 50%。不管这种陌生人之间的关联性是否真的有那么大的概率，有些关联总是令人愉快的。

说明：

1. 将参与者分为 6～12 人一组。
2. 让参与者阐述，自己是否有过和陌生人第一次碰见就发现相互之间确实存在关联的经历。先由组织者讲述一个发生在自己身上的类似事件作为示范，鼓励参与者进行发言。
3. 向参与者说明，现在大家有机会查找与其他参与者之间的关联性或叫做

“缺少的环节”。

4. 让参与者起立并围成圆圈站好。

5. 指导各组参与者先指定一名组员阐述自己的信息，比如居住过的地方，做过的工作，认识的人，度假的经历，读过的学校等。

6. 各小组中第一个发现自己与说话者有关联性的参与者就要承担“缺少的环节”的角色，走到说话者的左侧，并讲述自己是如何与说话者发生关联的。然后由该名“缺少的环节”扮演者继续讲述有关自己的信息，直至小组的其他成员发现自己与该名说话者产生关联。

7. 当每组中的所有成员都或多或少的与其他组员建立了某种关联，活动宣告结束。

活动变化：

如果参与者的人数不是很多，比如只有 10～20 个人，可以组织所有参与者共同完成本项活动，无须分组。

提示：

如果确实有参与者直至活动结束也未能与其他参与者建立某种关联，安慰他们也无须失落，可以让该名参与者借由本次活动或研讨会与最后发言的参与者建立关联。

备注：

乐器游戏

目的：了解你；更了解你；引入话题；队伍建设；非破冰类型；尤其适用于人数比较多的团队

小组人数：12～100 人

体力活动等级：高

估计时间：3～10 分钟

道具：含有 4～6 种乐器的大型海报（也可以使用乐器游戏活动列表并添加乐器种类）

在本项活动中，所收到列表上乐器相同的参与者即为同组成员。本项活动适用性非常广阔，不论参与者的人数、职位及年龄有何不同，都可以使用。在项目开始阶段进行本项活动有助于参与者评估自己的行为模式、增进相互的了解或者从全新的角度认识熟人。

> 如果让我选择一种媒介来作为破冰活动或者游戏，我会选择音乐。参与者可以记乐谱、进行哑剧表演、从中进行类比、学习演奏、实际操作、作曲、倾听、随着乐曲演唱、合唱、写词、拍手、跳舞及随意走动。音乐——可用性最为多样的一种媒介。

说明：

1. 在墙上张贴含有乐器标示的图片。
2. 先让参与者自行选择最能代表其特点的乐器，选择完毕后让参与者站在靠近所选乐器图片的地方。
3. 再让做出相同选择的参与者围坐成圆圈的形状组成小组，分享各自选择这种乐器的原因。
4. 分享结束后，让每组成员将最为普遍的 3 种原因写下来，并选出各组的发言人将这 3 种原因与其他所有参与者进行分享。

活动变化：

1. 可以用动物、花朵等其他事物代替乐器。
2. 让参与者演奏其所选择的乐器。

3. 让参与者将各种乐器与不同职位的人士进行类比，如管理者、团队成员等。

提示：

1. 如果参与者的人数不是很多，提供 4 张图片即可；如果参与者的人数过多，就相应的提供更多的图片以使活动有序进行。

2. 提供一些参与者比较熟悉的乐器。

3. 如果参与者人数不多，可以跳过第三步。

“乐器游戏”活动列表

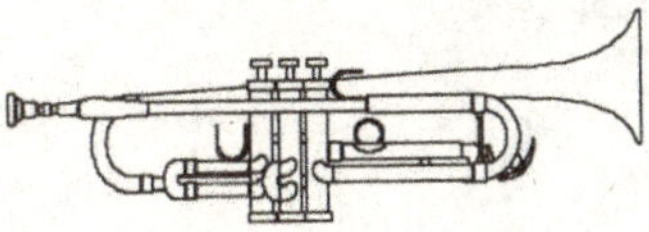 小号	 小提琴
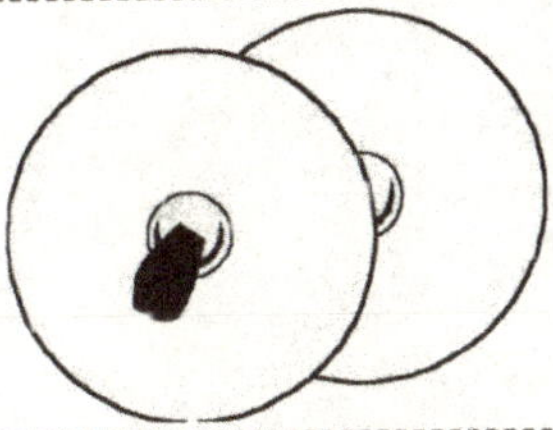 唱片	 鼓
 电吉他	 萨克斯
 三角钢琴	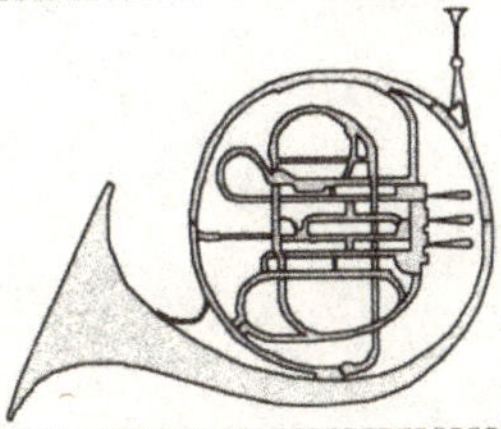 圆号
 单簧管	 长笛

道路标志

目的：引入话题；会议开始节目；调剂冗长、枯燥的发言；精神有氧操；非破冰类型

小组人数：6～30 人

体力活动等级：中

估计时间：3～5 分钟

道具：“道路标志”活动列表

本项活动适用于那些乐于参与类比游戏的参与者，他们要在本项活动中将各种不同的道路标志同各自工作中的经历进行类比。适合本项活动的参与者类型包括工程师、中层经理、市场营销人员、执行经理人等。

> 在一次去拜访客户的路上，我开始分外留意那些道路标志。长时间的驾驶让我突然觉得很沉闷，我需要变变花样。这时跃入我视线的是一个很常见的道路标志：**减速带**。减速带的定义：一段凸起的路面。一般情况下，面对减速带有 3 种选择，要么绕路而行，要么减速行驶以将颠簸感降至最低，要么干脆不管不顾照正常速度行驶。这有点像我们的人生，同样有很多种不同的方法来面对阻碍。

说明：

1. 将参与者分为 2～3 人一组。

2. 向每组发放一张不同道路标志。

3. 指导各组成员仔细观察所收到的道路标志，并将其与各自工作中那些有助于或有碍于完成目标的事物进行类比。比如，绕路而行——有时我们正在顺利地进行某个项目，却突然发生了一些意想不到的事情，使我们不得不改变现行的策略；限制高度 12 英尺 6 英寸——我们都希望在真正采取行动之前明确指标参数，以免在中途被迫放弃。

4. 当各组完成类比后，让各组依次将本组的讨论结果与其他参与者进行分享。

活动变化：

1. 也可以向每个小组发放一整套道路标志，让各组对所有道路标志进行类比。

2. 也可以向每个小组发放相同的一张道路标志，以总结不同小组所做出的不同类比。在会议进行中反复开展本项活动。

提示：

如果在会议开始阶段进行本项活动，参与者很有可能会反复使用道路标志来类比工作中遇到的情况和问题，或使用道路标志为一些组织性问题重新命名。

“道路标志”活动列表

井字游戏

目的：精神有氧操；结束活动；队伍建设；非破冰类型；调剂冗长、枯燥的发言；引入话题

小组人数：4～20人

体力活动等级：中

估计时间：10～15分钟

道具：画有井字游戏格的活页夹纸；马克笔

本项活动提供了一种简单、快捷的方式使参与者回顾信息、接受新概念或者仅仅是增添会议的趣味性。本项活动既可以在会议的开始也可以在会议的结束阶段使用。

> 最近，我陪着五岁的侄子麦克尔玩了不下20次井字游戏。他总是赢我。这让我回想起我在他这么大的时候也一样玩不腻这个游戏，我也想不明白这是为什么。

说明：

1. 在活页夹纸上画出井字游戏的格子，并将纸张放置在所有参与者都可以看得见的地方。
2. 将参与者分成2组。
3. 通过掷硬币（或者其他方式）决定哪个小组先走第一步。
4. 让获得优先权的小组选择自己的起步方格。
5. 向参与者解释说明，组织者会提出一些有关于本次会议主题的问题，2个小组轮流进行回答，回答正确的小组会得分。
6. 向参与者解释规则。

- 获得优先权的小组先行选择自己的方格，并认真听问题。
- 第一组有一分钟的时间回答问题。由于计分的关系，各组都应该仔细思考后再作答。
- 如果回答正确，第一组就可以选出一名代表在本组所选的方格里画上一个X标签。如果回答错误，那么第二组就有机会回答问题。但是即使回答正确，第二组也无法获得一个O的标签。因为只有在本组回答问题的轮次，

回答正确才会计分。

- 然后优先权归第二组所有，选取本组的方格，并回答问题。
- 2 个小组按照上述步骤依次进行，直至有个小组 3 个得分标签排成一排或者井字格已经全部被填满，游戏宣告结束。
- 先得到 3 个连成一线的得分标签的小组获胜。如果所有小组的得分标签都不能连成一线，那么在井字格里标签较多的小组获胜。

7. 游戏开始，先向第一组提出第一个问题。

活动变化：

1. 向参与者说明，本项活动的侧重点在于得分标签的多少，而非使 3 个得分标签连成一线。

2. 也可以使用带有方形格子的写字板。

3. 如果参与者相互之间非常了解，可以提出有关于某位参与者的问题，让其他参与者来回答，以达到增进亲密感的效果。

提示：

1. 在本项活动中突出竞争性。
2. 使用具有爆炸性的数据或者事实激发参与者的热情。
3. 如果想要在活动中强调一些信息，可以通过反复提问及回答来进行强化。

备注：

车如其人

目的：了解你；更了解你；非破冰类型

小组人数：5 ~ 150 人

体力活动等级：低

估计时间：5 ~ 10 分钟

道具：无

本项活动适用于任何类型的参与者，包括高层管理人士，因为这个话题相对安全、轻松，而且大多数人都会对这个话题感兴趣。可以在项目开始阶段使用本项活动，当然我也曾经在午餐之后成功进行过本项活动。

> 您是否留意到人们倾向于选择“符合”自己特性的车？人们对于车的选择可以折射出其自身的生活方式、富裕程度、年龄等（我们并非要对车主进行模式化的分类！）。一些人严格地挑选与自己匹配的汽车；而有些人随意地选择二手车、廉价的车或者完全与其本身没有任何相关性的车来开（也许是车主真心地想成为那种车所代表的人士）。

说明：

1. 将参与者分为 2 ~ 10 人一组。
2. 让参与者写下自己所驾驶的汽车类型，以及选择此类汽车的原因。
3. 每组指定一名参与者模仿自己汽车引擎发动的声音。其他参与者根据声音猜测该名参与者的车型，并说明为何会有此猜测。
4. 当各组的所有参与者都进行了猜测之后，模仿自己汽车引擎声音的参与者公布答案，并解释原因。
5. 提醒各个小组，组内每名成员都要对自己的汽车引擎声音进行模仿。

活动变化：

将参与者按照各自喜欢的汽车类型进行分组，然后让各组成员集体决定一种车型，并向其他参与者解释说明为何会选择此种汽车。可以使用以下汽车分类，比如，旅行车、跑车、卡车、四轮驱动汽车、基本款轿车、豪华车等。

提示：

1. 在间歇的时候，引导参与者做出更深入的解释，如“你觉得马自达怎么样？”及“你的沃尔沃行车里程是多少？”

2. 本项活动不涉及任何性别差异，不论男性还是女性都对汽车表现出相同的兴趣。

连你自己都想不到，你是个诗人

目的： 精神有氧操；更了解你；结束活动；自我表露；非破冰类型；队伍建设
小组人数： 3～30 人
体力活动等级： 中
估计时间： 8～12 分钟
道具： 向每位参与者发放一张“连你自己都想不到，你是个诗人”活动列表

在 8～12 分钟的时间内塑造的诗人，当然不要对其诗作的质量抱有太大希望。但是在本项活动中，参与者可以通过将具有深远意蕴的意象转换为三行俳句诗激发自己遣词造句的创造力。本项活动有利于增进归属感、促进创造力或展示参与者遣词造句的能力。本项活动适用于那些概念性强且乐于接受挑战的参与者。

> 我第一次接触到三行俳句诗的时候，觉得这就是非专业作家的终极梦想——短小、明了、简单而毫无意境的诗歌。后来我从一位年轻的诗人那里得知他那充斥了三行俳句诗枯燥训练的残酷童年。我仔细聆听着他说的每个字，好像每句话都是以惊叹号作结一样，如鲠在喉。这让我对三行俳句诗这种艺术形式的理解提升了不少。

说明：

1. 向参与者发放“连你自己都想不到，你是个诗人”活动列表，并解释说明三行俳句诗的定义。
2. 组织参与者阅读活动列表中的三行俳句诗作品。
3. 向参与者说明，大家现在有机会将各自的形象或生活经历写成三行俳句诗，然后与其他参与者进行分享。
4. 让参与者在 5 分钟的时间内完成各自的三行俳句诗的创作。
5. 让参与者组成 2 人组，并与各自的同伴分享诗作。
6. 5 分钟之后，让参与者朗读各自同伴的诗作，并解释同伴是在何种情景下选择了这个主题并创作了该诗作。

活动变化：

1. 也可以让所有参与者集体进行三行俳句诗的创作。

2. 让参与者将自己所作的三行俳句诗张贴出来，以供其他参与者在间歇的时候阅读。

3. 提供三行俳句诗的主题列表，供参与者进行选择。

提示：

1. 许多人对自己的写作能力并没有自信。尽量消除本项活动中可能带有的竞争性，以使参与者能够轻松愉快地参与本项活动。

2. 可以由组织者先行朗读一首自己所创作的三行俳句诗作品作为开场示范。

3. 如果参与者的自尊心比较强，可以在张贴诗作的时候采用无记名的方式。

4. 鼓励参与者创作多首三行俳句诗作品，在会议进行当天随时将完成的诗作张贴起来。

备注：

“连你自己都想不到，你是个诗人”活动列表

三行俳句诗

三行俳句诗是一种源于日本的无韵诗。三行俳句诗由三行含有对比和视觉意象的诗句组成。严格意义上的三行俳句诗，第一行和第三行分别由五个音节组成，而第二行由七个音节组成。例如：

《小狗》

今天得到你

可爱的玩伴我们一起回家

然后工作就要开始了

《最后期限》

第一个挑战来临

淬炼、混乱，“先做起来”

我们胜利了

201

ICEBREAKERS

结束活动

Alice 选集

目的：精神有氧操；导入话题；非破冰类型；纯粹娱乐；结束活动；团队建设
小组人数：4～24 人
体力活动等级：中
估计时间：4～8 分钟
道具：几行诗歌

在这个活动中，参与者分成小组来写出自己的诗歌。用 Alice 选集来打开创造的思维或心意，或去关注特定的概念或话题。为思考型观众准备。

> 诗人 Maya Angelou 曾经说过，“朋友们，我们的相同之处远远多于差别。”从莎士比亚到 Maya Angelou，诗歌已经远远超出了我们的思维可以企及的范围。我的朋友 Alice Allen，最近推荐我看《基督教科学箴言报》上一篇题为“会议室里的贝奥武夫：管理者思索诗歌”*的文章。文章中讲到管理顾问 Peter Block 在美国公司工作中引用了诗人 David Whyte。在引用 Whyte 时他提到，“诗歌可以打开人的思路，去除限制，并让大家可以感知到——常常是第一次——老问题出乎意料的新答案。”毋庸赘言。

说明：

1. 选择与小组或话题相关的一句诗歌。
2. 解释诗歌的普遍性——语言中能够抓住灵魂的特质。
3. 将参与者分成 2～5 人的小组。
4. 给每组同一句诗歌。
5. 指导小组利用 3～5 分钟在给出的诗句的基础上创造出一整首诗歌。给出的诗句可以放在任何位置——开头、结尾或中间。
6. 时间到的时候，要求小组大声朗读出他们所创作的诗句。
7. 如果时间允许，要求为创造的诗句想出一个题目。

---

* 基督教科学箴言报；1995 年 9 月 7 日。

活动变化：

1. 为每个小组分发不同的诗句。
2. 要求小组在挂图上写下自己的诗句。
3. 将诗歌做成诗集，鼓励参与者随着活动的进程不断向诗集中增加诗歌。

提示：

1. 这个活动对达到一个非常具体的目的非常用效，比如解决冲突，应对改变，增加对他人需求的敏感度，接受多样化，团队建设等。

2. 在活动结束部分使用这个游戏时，大家通常会用心记住这些诗句。

3. 一些最受欢迎的选集可以按话题收集组织。

备注：

到达和起飞

目的：结束活动；引入话题；会议开始阶段活动；非破冰类型

小组人数：6 ~ 12 人

体力活动等级：低

估计时间：2 ~ 5 分钟

道具：“到达和起飞”活动列表

“到达和起飞”活动的参与者要列出他们想要采取或避免的行为。在有关行为改变的项目开始或结束时用这个活动——无论是程序式还是个人式。这个活动在管理和指导、交流、冲突、多样化、动机及个人效用项目中非常有效。

> 我非常喜欢机场。在机场上会发生那么多事情，每个人都是其中一员。大家都知道为什么会去那里，大家都参与其中。最近有一次我在 Greensboro，NC 机场等候飞往华盛顿国家机场的航班。在 20 号登机门那里，我看到在等候登机的人和等待接机的人之间形成了很大对比。航班推迟了大概 15 分钟，那些等候登机的人神情从微微自得变化到极度愤怒和不屑。起飞。在一群等候接机的人中，神情更是丰富得像动画片。他们拿着标语、条幅、气球和鲜花。他们中不断有新人加入，互相间兴奋地谈论着，问候着。我差点错过了航班，因为我非常享受这种在飞机落地和乘客走下飞机时充满整个机场的欢乐。到达。

说明：

1. 将“到达和起飞”活动列表复制到幻灯片上。

2. 在活动结束时，用投影仪放幻灯片给大家看。

3. 向大家说明，要为自己的行为负责，我们就要花时间检查自己的行为，并决定哪些行为需要保留、修改或改变，才能得到想要的结果。

4. 让参与者将他们选择保留或想要执行的行为作为“到达”，将想要避免或做出大改动的行为作为“起飞”。

5. 让每个人与身边的人交谈他们各自在会议过程中的行为，并确认至少一个“起飞”和“到达”。

活动变化：

如果小组人数不多，让每个人大声说出自己的“起飞”和“到达”。

提示：

可以让参与者讲在起飞和到达时观察到的故事。

备注：

“到达和起飞”活动列表

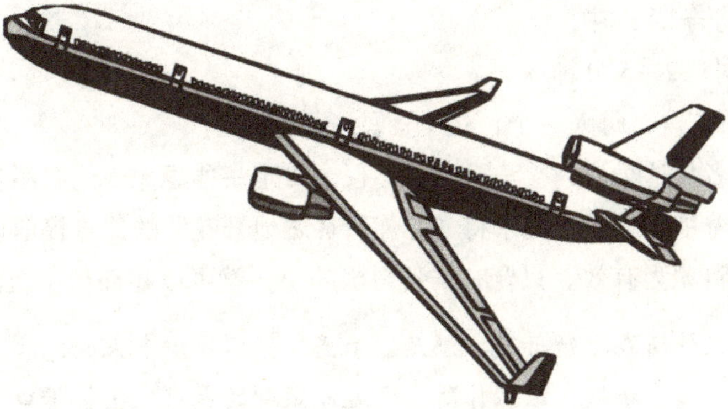

起飞

到达

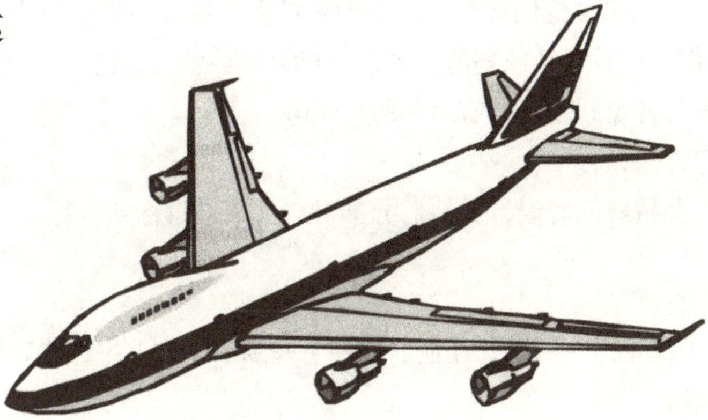

在你所在之地开花

目的：结束活动

小组人数：6 ~ 15 人

体力活动等级：中

估计时间：2 ~ 5 分钟

道具：小花盆，每人一个；花土；种子

参与者从这个研讨会离开时，不仅会带走一些思想，他们还有一株植物要养大，要看着植物成长。如果将“在你所在之地开花”的比喻提前说明一下，这一结束活动将尤为有效。只要有准备得当的土，就可以在任何小组使用这个活动。

> 在你所在之地开花，满足，承诺，并不缺少未来的想法，并不影响成长。接受挑战，做在你所在之地能做到的最好。去掉借口，如“我要是……”，在你所在之地开花。

说明：

1. 向参与者说明在他们离开时，他们有机会去培养新学会的或最近提高的知识和技能。作为一种象征或提醒，他们有机会种一颗与自己一同成长的种子。
2. 带领参与者走到一张摆有道具的桌子旁。
3. 让他们种一颗种子。
4. 在参与者站着的时候，让他们分享对自己未来目标的打算。

活动变化：

如果你的小组是一个团队，让他们把种子种到一个容器中，然后在每个种子上贴上名字标签。

提示：

尽管由于人们要在这一活动中做出事关未来的决定，从而使其成为一个引人深思且相当严肃的活动，种植的部分还是轻松有趣的——也应该是这样。

备注：

“打”牌

目的：结束活动；引入话题；团队建设；热身活动；纯粹娱乐

小组人数：12 ~ 40 人

体力活动等级：中

估计时间：10 ~ 15 分钟

道具：几副牌；活页纸；马克笔；问题和答案；奖励

直接去回忆信息会非常的乏味无聊，但如果与体力活动和一点竞赛结合起来就会不同。这里就有这样一个活动。

可以在任何希望参与者复习信息时使用这个活动，尤其在活动结尾处。

> 你可能听过“应试教育”这样的说法。有时培训师需要考试来帮助他们形成概念，并集中到内容目标上。

说明：

1. 将参与者分成 4 ~ 6 人一组。让每组都站在一张桌子旁，每张桌子中间放一副牌。
2. 为每组发一张活页纸和马克笔，并指导他们在最上面的一张写上“分数单”。
3. 要求每组选出一个人来做指定的“打击手”。
4. 解释游戏规则。

- 队伍就项目内容来抢答问题。
- 组织者大声朗读一个问题。大家应该与小组成员讨论答案。
- 在小组有答案之后，“打击手”要在桌子中间“打牌”。
- 组织者宣布谁是第一个“打牌”的人，并让这个人大声说出小组的答案。
- 如果答案正确，“打手”就能够拿到最上面的牌。这一组就将牌值加到活页纸上的记分牌上。
- 如果第一个“打牌”的小组答错了，那么第二个小组则有机会给出他们的答案。

5. 在 10 ~ 12 个问题之后，让小组算出得分。
6. 给分数最高的小组成员每人一份奖品。

活动变化：

1. 每桌的人可以自成一个小组比赛。第一个想到答案的人要去“打牌”然后回答问题。组织者要大声说出答案以便让其他小组成员判断回答是否正确。每桌要有一个取胜者。

2. 增加一些与内容无关的额外问题，最好是幽默问题。

提示：

1. 既有封闭答案问题也有开放性问题。

2. 如果一个“打手”给的答案不完整，允许第二个“打手”补充答案，两组平分奖励分值。

3. 如果你使用的是带有数值的牌，那么卡片面值就是奖励（也就是 1 ~ 10 分）；如果用的是玩的牌，那么领导者要事先决定牌的面值。

备注：

如果我有一把锤子

目的：引入话题；结束活动；非破冰类型活动
小组人数：6～24 人
体力活动等级：中
估计时间：3～5 分钟
道具：“如果我有一把锤子”活动列表

参与者要将他们在活动中所学到的“工具”与活动单上画的真实工具进行对比。在信息量较大或学习技巧的环节后使用这一游戏来结束活动。

> 我想你一定听过买新电锯的人的故事。他回家用了两个小时之后，回到商店，称用电锯锯下的树还不如先前用他自己的手工锯锯下来的多。商店经理反复查看，拿到后面，自己试了一下，又拿出来，告诉那个人让他回家再试一次因为他用起来还不错。那个人回到家里，又用了两个小时，然后回到商店还是说不好用。商店经理显然非常困惑，所以他将这个人一起带到了后面，以便这个顾客能够指出问题到底出在哪里。商店经理刚把锯的开关打开，那个买家就问：“这个噪声是什么？”这个故事的寓意是，如果你不知道怎么使用这个工具那么这个工具就不会起作用。

说明：

1. 为每个参与者发一张“如果我有一把锤子”活动列表。
2. 要求参与者想出一个他们熟悉的工具。
3. 指导参与者用工具箱来将活动列表上的工具与他们在活动中听到的工具进行类比。
4. 在参与者完成后，让他们向小组说明对每一种工具的类比。

活动变化：

1. 让参与者列出工具，然后再想出类比。
2. 在商业工具栏旁边再建一个硬件工具栏，并让参与者将每一个硬件工具与商业工具进行对比，然后解释他们的匹配。

3. 给每组发一种工具来做出类比。
4. 在活动开始时小工具来进行分组。

提示：

1. 带一些工具来介绍这个游戏。
2. 在做活动之前或之后讲电锯的故事。

“如果我有一把锤子”活动列表

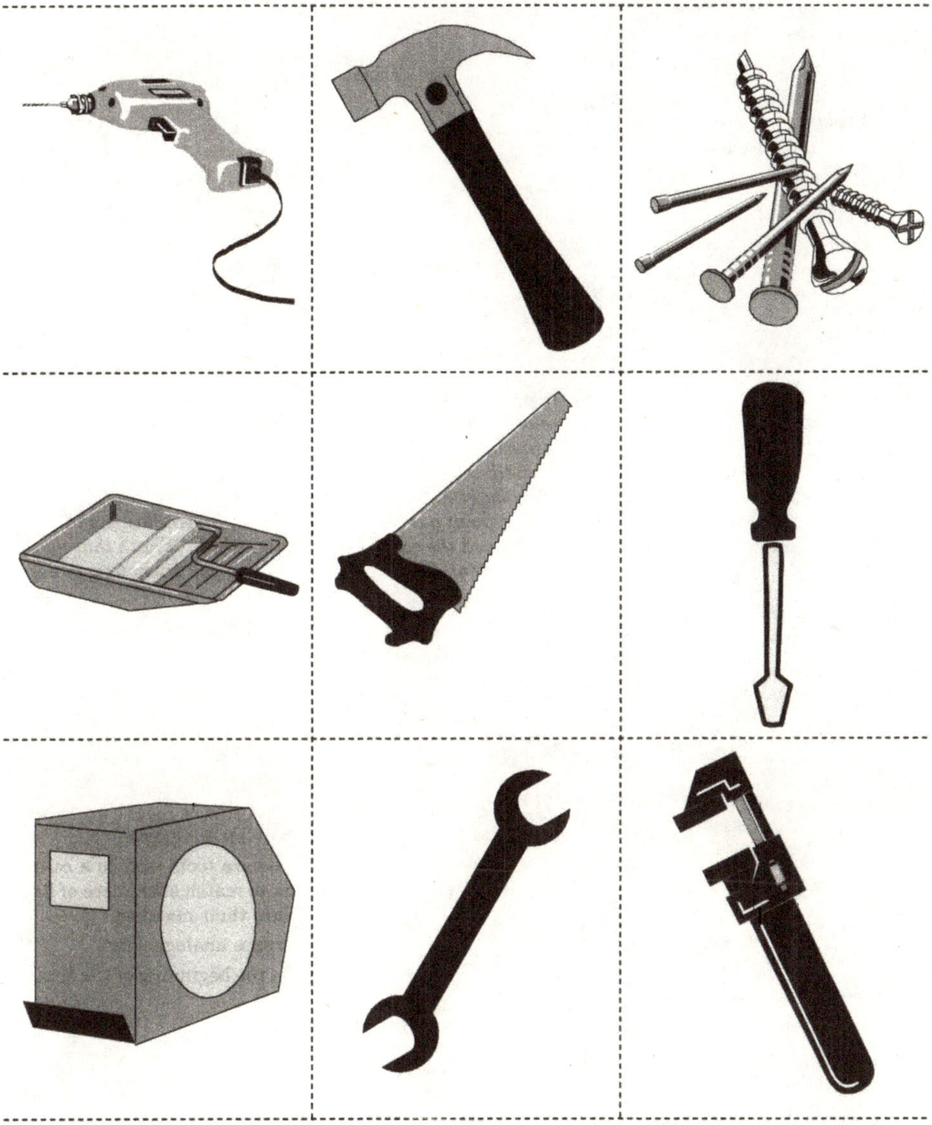

叶子交给我

目的：团队建设；结束活动
小组人数：8～30 人
体力活动等级：中
估计时间：15～20 分钟
道具：在一张纸上画上带光秃树枝的树干；胶棒；亮色的纸树叶

大家在活动中建起来的树代表团队，每片叶子都代表一个人的贡献。用这个活动来使团队环节到达高潮。

> 树是组织发展最恰当的对比。它象征着力量、强壮、组织、目的、更新、改变等。但在这种对比中美感却不多，Joyce Kilmer 的诗非常清楚地说明了这一点："我想我永远都看不到一首像树一样可爱的书。"

说明：

1. 将树干图粘到中间位置。
2. 将叶子放到中心的位置，便于大家都能拿到。
3. 参与者想出他们对团队最大的行动贡献——既包括他们应该做的，也包括那些额外的在时间、精力和行动上帮助团队达成目标的贡献。
4. 指导大家在每片叶子上写下一个想法，这个想法代表着他们要做出的贡献。让他们依次上前，将自己的叶子粘到树干上。

活动变化：

如果带颜色的叶子找不到，可以让大家用马克笔在树干上直接画叶子。

提示：

参与者要对呈现效果良好的树干做更积极的回应。这能够增加活动的重要性。

“叶子交给我”活动列表

留下提示

目的：结束活动；非破冰类型活动
小组人数：6～20人
体力活动等级：中
估计时间：2～5分钟
道具：活页挂图；马克笔

参与者要给出建议。这一游戏帮助人们在活动中做出个人总结，并着眼于未来的行动。在会议或培训活动的结束使用这一游戏。

> 向他人提建议总是很有趣，接受建议则完全不同。一些专家认为最好在他人求助时再提出建议。这对询求建议者来说是好事，但对给出建议者却没有好处。毕竟我们是在看到或听到一个场景时才想要给出建议。如果我们不是一心想要提建议，那么想法还会这么迫切吗？我有一个暗中提建议的方法。我会对这个人说，“如果我要给你提建议的话——当然并不是真的——你认为我会说什么？”如果他的回答不是我所想的，我就会对这些话进行修改。修改不同于提建议。

说明：

1. 在活动结尾，向大家解释我们常在离别时有一些想法，但很多时候都没有机会分享。现在就是一个机会。
2. 指导大家为房间里其他准备离开的人想出一些提示，这会帮助他们实施或进一步思考话题。
3. 让每个人都为房间内的其他人想出一个提示。在活页挂图或黑板上记下这些提示。

活动变化：

1. 要求小组想出提示并与大家分享。
2. 让大家在纸上写下提示，并不出声地传阅让大家都看到。

提示：

1. 这个游戏非常简单，但很有效。不要忽视它的作用。

2. 如果你要在活动后向大家发送记录，请将提示包括在内。

3. 让大家在读提示时也留下物质提示，这会使游戏更加有趣。人们会留下硬币，糖块等。

新！改进！

目的：结束活动；引入话题；纯粹娱乐

小组人数：12 ~ 25 人

体力活动等级：高

估计时间：4 ~ 8 分钟

道具：为领导者准备的商业广告范例

参与者喜欢写与他们工作相关的广告。这个游戏能够在会议或培训活动结尾处给人留下一个很好的印象。对中层经理及其他要向雇员或管理层销售想法的相关工作人员尤为有效。

> 在发言技巧研讨会中，我让与会者将每次发言都看做一个劝说的行为——劝说对方同意你的观点，尝试新事物，或劝说对方参加某种行动。这三样广告都会涉及。

说明：

1. 向大家说明销售人员应该快速识别出向潜在客户呈现特点和呈现好处的差别。说明“特点”是产品或想法的特征，而“好处”是这个产品或想法对顾客有用的方式。
2. 向大家读广告范例。
3. 让他们再想出其他例子。
4. 指导大家为他们的观众写出一个与其话题相关的短广告，记得要包含“特点”和“好处”。
5. 请大家大声读出他们所写的广告。

活动变化：

1. 让大家以小组或成对进行创作。
2. 如果有时间，让他们在活页挂图纸上画出与广告相关的插图。
3. 如果有时间，让每个人每个小组都来到房间前面对广告进行说明。

提示：

写一个广告，然后引导他们写出自己的广告，并在你解释活动后读出来。

馅饼

目的：引入话题；结束活动；团队建设

小组人数：6 ~ 60 人

体力活动等级：高

估计时间：5 ~ 10 分钟

道具：“馅饼”活动列表，每人一片馅饼，每组一种颜色

“馅饼”会通过颜色分组，并对每个参与者强化活动中较为重要的一点。这是一个很好的结束活动环节（标志着大家很快就要吃饭了！）。这个环节可以保证每个人在离开的时候都有一块有格言表示的馅饼。

> 无论对话是关于意愿、股权还是联合公寓的后院空间，每个人都想要分一片馅饼。很多世界性，国家间，婚姻及兄弟姐妹之间的冲突都与稀缺和公平问题相关。如果我们都能保证分到一片馅饼是不是世界就简单些了呢——而且还是流行的！

说明：

1. 向大家解释在下面的馅饼活动中，他们不会有任何草莓、山胡桃或葡萄干，但他们一定会拿到一片馅饼。
2. 给每人传发一片馅饼。
3. 指导大家在他们的那片馅饼上写出他们从活动中得到的最有用的一个学习点，活动结束后可以带走。
4. 让大家起立并与其他有同样颜色馅饼的人组成小组，将所有部分放在一起组成一个完成的馅饼。
5. 指导大家轮流取回他们的部分时与所在小组分享从活动中得到的有用部分。

活动变化：

1. 省略在馅饼上写要点的环节，让大家只讲出一个要点或有价值的观点即可。
2. 我想在活动开始时分组，然后让他们在活动结束时取回自己的部分，同

时分享学到的东西。

提示：

1. 如果是一个小组，就用一个馅饼。
2. 选择代表馅饼种类的颜色：蓝色代表蓝莓；红色代表樱桃等。
3. 参与者可以在桌上、地板上或站立时拿着把馅饼放到一起。

馅饼活动列表 I

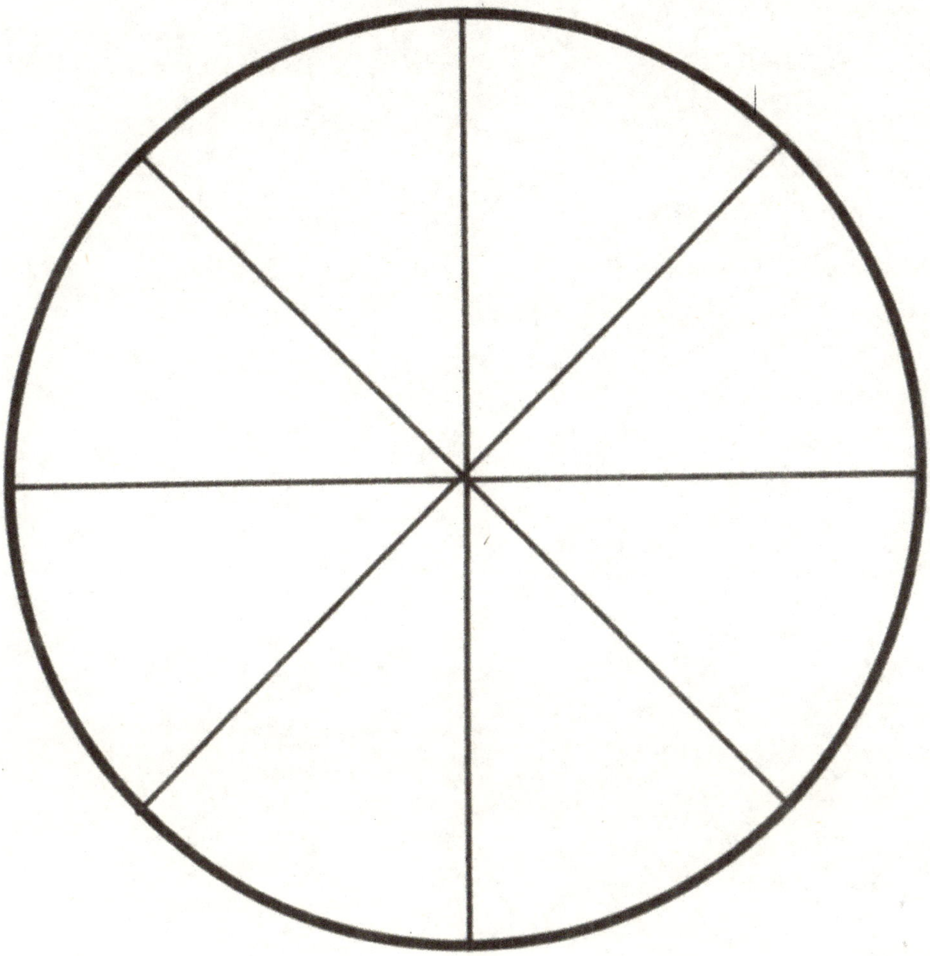

馅饼活动列表 II

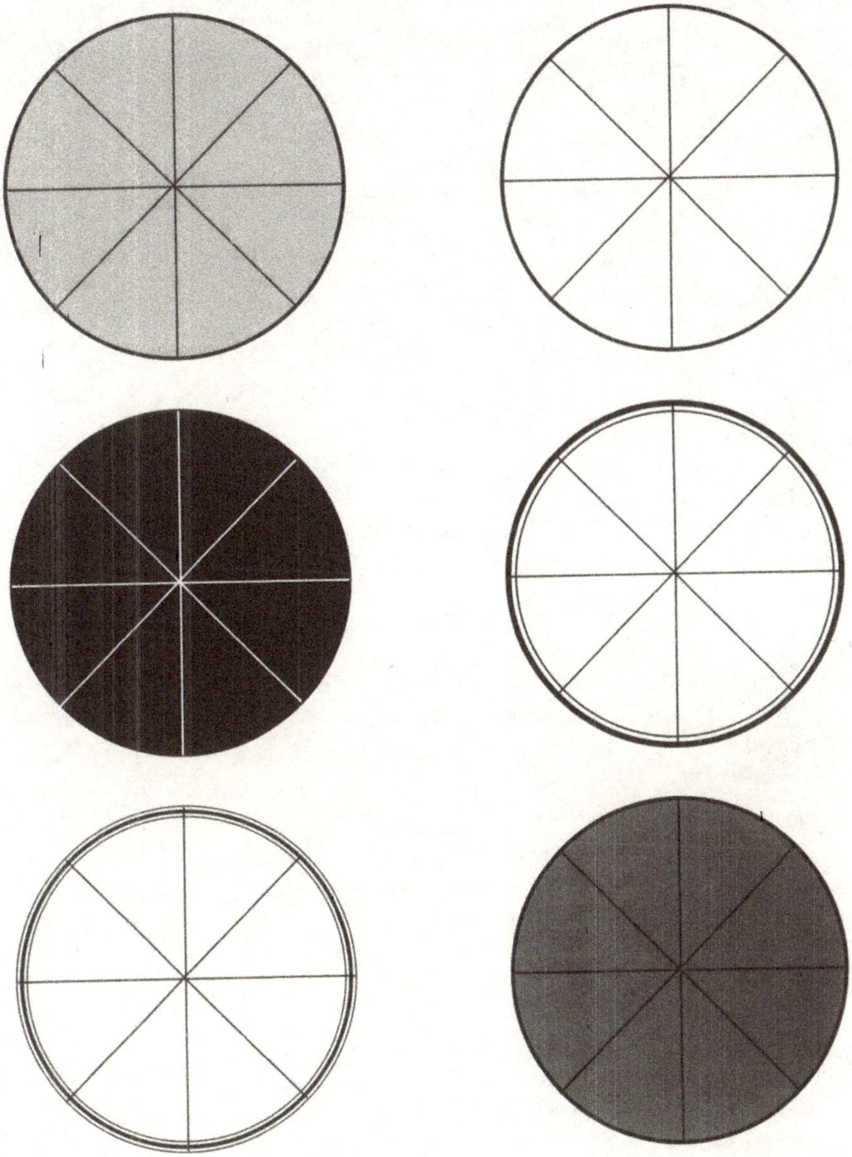

问题和答案

目的：精神有氧操；引入话题；结束活动；调剂冗长、枯燥的发言；非破冰类型

小组人数：10 ~ 40 人

体力活动等级：高

估计时间：15 ~ 20 分钟

道具：不同颜色的“问题和答案”活动列表；每组 10 个或更多 8.5 英寸×11 英寸活动单；每组一个 9 英寸×12 英寸信封

这是一个强调关键材料并关注体力需要的简单方法。用这一环节来总结话题或在活动开始测评重要知识点。

培训 101：提供所有重要概念和事实的复习强化和总结。

说明：

1. 每组创建 10 套或 10 套以上的“问题和答案”单，在每张 8.5 英寸×11 英寸的问题单上写一个跟话题相关的问题，并在对应的答题单上写出答案。随机混合问题回答单，然后在每组的信封中放 10 套或更多套。

2. 组织大家在房间内的开放空间处分为 4 ~ 6 人的小组。

3. 为每个小组分发一个包含 10 个问题单和 10 个回答单的信封。

4. 指导大家在小组成员间分发。

5. 说明每组都有问题单和回答单。在组织者给出信号后，各小组会有 2 分钟时间来打开信封并将问题单与相对应的答案单进行匹配，然后将配对的问题和答案放在地板上，问题单在上面。

6. 发出开始的信号。

7. 2 分钟后，说“停”。

8. 每组依次进行查看，要求参与者读出他们的问题，然后再揭晓所选择的答案。每选对一组，奖励一分。

9. 计算分数，宣布获胜小组。

活动变化：

使用 3 英寸×5 英寸的卡片，让队员们在桌面上进行。

提示：

1. 将小组的成功作为给自己的反馈。

2. 问题样本：“如果有人想要建立信用账户，你会将他带到什么部门？”答案样本：“会员服务。”

“问题和答案”活动列表

问题单	答案单

打造团队

目的：团队建设；结束活动；纯粹娱乐；专为大型小组设计
小组人数：12 ~ 36 人
体力活动等级：中
估计时间：15 ~ 30 分钟
道具：可造型气球

在这个动手活动中，参与者要动手用造型气球来做出一些东西。这是使小组达到融合的非常好的活动，也是漫长的一天中有力的增能器。这项活动完全没有任何痛苦或压力，每个人都会从中得到享受。

> 你是否见过有人拿着长长的气球做出小动物，然后对自己说："我如果想的话是不是也能做到呢？"而我一直想问得问题是："为什么要做动物呢？"

说明：

1. 为每人发一个可造型气球。
2. 要求大家将气球吹起来（或发给大家一个打气筒），系好，在尾部留大约一英寸。
3. 向大家说明他们要做一个代表团队成员对完成团队任务所做贡献的大气球造型。
4. 让大家拿着气球站成一圈。
5. 请大家依次站在圆圈中，并告诉成员他们为团队带来的最大贡献。同时，应该让他们的气球加入到团队气球造型中（就是已经捆在一起的气球），从而形成团队的核心价值——由气球造型来代表。

活动变化：

1. 让同伴或小组将他们的气球先捆在一起，然后再加入到其他小组的气球组里。
2. 要求大家不出声地将气球收在一起，同时播放背景音乐。在造型完成后，让大家分享他们对团队的贡献。

提示：

1. 该活动中的气球结合环节既可以轻快些也可以严肃些。选择你想要的方式，并朝那个方向引导。

2. 在小组使用气球前先试一下。很难找到可以用嘴吹起来的可造型气球，打气筒可能最为有效。

3. 如果参与者可以站成一个圈或围着桌子效果更好。

4. 使用不同颜色的气球来代表不同的贡献或团队。

星星光，星星亮

目的： 队伍建设；结束活动；会议开始节目
小组人数： 6～18 人
体力活动等级： 中
估计时间： 6～8 分钟
道具： 向每位参与者发放一张“星星光，星星亮”活动列表

在这项活动中，参与者通过古老的向星星许愿的方式增进团队的沟通以及目标的设定。在有关队伍建设的会议中进行本项活动有助于将气氛推向最高潮。本项活动有助于使参与者更多地思考完成目标的可能性，而非困难性。

> 敢于梦想。一般情况下，孩子们许下心愿，并真心地希望自己的梦想成真。而成年人们许下心愿之后，却会质疑自己是否真的能达成所愿。我经常听到人们不无抱怨地说：“我希望公司能够更有凝聚力，但是我知道这永远不可能。”也许这是因为成年人已经学会了如何保护自己不受到希望落空的伤害——起码不要伤得太严重。

说明：

1. 询问参与者是否听过下面这首儿歌，“星星光，星星亮，今晚我看到的第一颗星；我希望可以，我希望能够，达成我的所想所愿”。向参与者说明，孩子们愿意这样想，并且真的会在看到天空中的第一道星光时许愿。

2. 鼓励参与者在所属团队中感受到希望之光时为该团队许下心愿。

3. 向参与者发放星星形状的卡片，并让参与者将有关自己团队的心愿写在上面。

4. 心愿书写完后，让参与者围成圆圈形状站立并将地面想象成天空。

5. 重复上面提及的儿歌。之后让参与者轮流走上前，将自己写有团队心愿的星星卡片放在圆圈内的地面上，并说出自己的心愿。

活动变化：

也可以让参与者将写有团队心愿的星星卡片密集地贴在墙上。

提示：

1. 本项活动的氛围既可以是轻松愉快的，也可以是严肃深沉的。谨慎设置活动氛围。

2. 也可以购买星图让参与者把星星卡片贴在其上面。

“星星光，星星亮”活动列表

天鹅之歌

目的：结束活动；队伍建设；热身活动；纯粹娱乐

小组人数：12 ~ 500 人

体力活动等级：中

估计时间：2 ~ 4 分钟

道具：将“天鹅之歌”活动列表剪成小卡片，向每位参与者发放一张卡片

在这项活动中，各组的参与者依次演唱一首耳熟能详的歌曲中的一句，共同完成这首歌曲的演唱。本项活动适用于任何类型的参与者，最好在会议结束的阶段使用。

> 绕着篝火起舞是夏令营中最为常见的景象。这时最常被选用的歌曲是《划船歌》、《雅各之歌》或小学音乐课中所学的那些儿童歌曲。但是不论如何，围成圆圈起舞是大家都喜欢的活动。如果大家能够按照某些模式起舞会更好玩。

说明：

1. 选取一首所有参与者都熟知的歌曲，或是符合当天会议主题的歌曲。
2. 将所选取歌曲的歌词写在“天鹅之歌”活动列表的格子里，然后按照虚线将其剪成小卡片，再将这些小卡片放入一个盒子里。
3. 向每位参与者发放一张小卡片。
4. 向参与者解释说明，各小组成员应作为一个整体来演唱所选取的歌曲，但是各位参与者应该按照自己收到的卡片上所写歌词的顺序进行接唱。
5. 指导各组参与者延长所选取的歌曲，每组演唱两次。

活动变化：

如果参与者的人数较多，可以向每组发放只写有一句歌词的卡片。

提示：

组织者在介绍本项活动的流程时一定要充满热情。如果组织者的介绍充满热情，活动就会进行得比较理想。反之，本项活动就会成为组织者的悲情演唱。

“天鹅之歌”活动列表

划船、划船、划你的船	缓缓流下小溪
欢快地、欢快地、欢快地、欢快地	生活就是梦想

我的祖国

目的：了解你；更了解你；尤其适用于人数较多的团队；队伍建设；结束活动；引入话题

小组人数：10～200 人

体力活动等级：中

估计时间：2～5 分钟

道具：向每位参与者发放一张“我的祖国”活动列表

在这项活动中，参与者需要表露对自己的祖国、公司或团队的一些想法和感受。在会议开始阶段开展本项活动有利于促进参与者的归属感，而在项目或会议结束阶段开展本项活动有利于激发参与者表露自己深层次的感受和想法，可以为会议画上圆满的句号。

> 奥林匹克的荣誉感体现在为每项运动的冠军获得者播放其国歌上——这生动地表达出一种成就感和爱国主义。

说明：

1. 向每位参与者发放一张写有“这就是我的_________”的卡片，并引导参与者选取与会议既定目标相关的词填写该卡片。会议选用的主题可以是国家、家庭、公司或团队。
2. 向参与者说明这些主题都有对个人有特殊意义的视觉象征符号。
3. 指导参与者思考各自的_________，并在各自的题目下方画出能够象征其所选主题的符号。提供相关例子。
4. 当参与者完成上述步骤后，让参与者与坐在其周围的参与者进行分享，并解释说明各自所画出的符号和意象代表的意义。

活动变化：

1. 让参与者根据自己的意愿填写列表，包括主题词语及象征符号。
2. 将参与者分成不同的小组，以小组为单位将信息填写在活页纸或挂图上，然后与其他小组分享。

提示：

1. 可供使用的例子有我的祖国（国旗、自由女神像、美元、家庭）或我的公司（电脑、工资单、员工、写字楼）。

2. 本项活动用于团队建设效果很好。这样在阐述各自的想法时意义会更为丰富或有趣。

“我的祖国”活动列表

这是我的 ______________________

这是我的 ______________________

这是我的 ______________________

这是我的 ______________________

这是我的 ______________________

这是我的 ______________________

基督教青年会

目的： 室外活动；结束活动；热身活动；引入话题；队伍建设；尤其适用于人数较多的团队；纯粹娱乐

小组人数： 10 ~ 200 人

体力活动等级： 高

估计时间： 5 ~ 8 分钟

道具： 无

在本项活动中，参与者需要通过肢体语言展现出一些首字母缩略词，其他参与者对其进行猜测。本项活动既能达到使参与者调节放松的目的，还可以强化会议的主题。本项活动适用于那些参与度高、活泼奔放的参与者。

> 首字母缩略词在我们的文化遗产中起着举足轻重的作用。比如，基督教青年会（YMCA）、全美职业篮球联赛（NBA）、加州大学洛杉矶分校（UCLA）、哥伦比亚特区（DC）、全美橄榄球联盟（NFL）及 OMO（它既表示“一人控制”，也是佛吉尼亚州亚历山大港一家美容院的名字。这件美容院的老板之前是在那儿打工多年，最终决定买下这家沙龙。买下之后立即将名字改为 OMO）。

说明：

1. 将参与者分为 6 ~ 20 人一组。
2. 向参与者说明各小组的任务。

- 组织者会为各小组指定一个与公司名称有关的词或短语。
- 各小组要通过肢体语言拼写出指定的词语，或自行创建一个首字母缩略词，在使用肢体语言展现该词的同时大声拼出该词。

3. 各小组有 2 分钟时间进行准备。
4. 2 分钟后，让各小组连续进行展示。

活动变化：

可以让各小组成员自行选择喜欢的首字母缩略词。

提示：

1. 向参与者热情详尽地展示如何通过肢体语言展示字母。

2. 担任领导者、主任或是发言人之类工作职务的参与者也许并不乐于参与本项活动。

201

ICEBREAKERS

了解你

头韵联盟

目的：了解你；精神有氧操
小组人数：5～25 人
体力活动等级：中
估计时间：3～5 分钟
道具：无

参与者将从本项活动中获益良多，因为参与者需要通过创建符合各自名字头韵的公司名称快速记住其他参与者的名字。本项活动也有助于参与者进行调节放松并发挥各自的想象力。针对互不相识的参与者，本项活动有助于增进参与者的归属感；针对相互熟悉的参与者，有助于使参与者得到调剂从而激发创造性。

> 在广告中为了达到既定目标并引发相应的回想，会经常使用头韵。哈里汉堡肯定比辛西娅·布莱施伍斯特易于记忆。这是可以理解的，如果公司或商品名称中的开头与结尾首字母相同，肯定朗朗上口易于记忆，比如艾迪·伊斯特会比伊迪·韦斯特易于记忆。

说明：

1. 向参与者解释说明，将他人的名字赋予一些意义就会更容易记忆。
2. 向每位参与者发放一张索引卡。
3. 让参与者创建一个公司名称，其名称单词的首字母与其自身名字中的一个或两个首字母相同。组织者先以自己的名字为例创建这种压头韵的公司名称，比如卡罗尔圣诞蜡烛店或莫妮卡机械五金店。
4. 指导参与者将所创建的头韵公司名称及解释说明写在索引卡上。
5. 让参与者与他人分享自己的名字、头韵公司名称及解释说明。

活动变化：

1. 如果参与者相互之间比较熟识，可以让参与者为他人创建符合其名字头韵的公司名称，该名称要能展示该名参与者的性格特定。
2. 让参与者将公司名称及解释说明写在展示卡上以供其他参与者查看。
3. 让参与者通过绘画的形式描绘出自己公司的图景。

提示：

1. 组织者先行创建符合自己姓名头韵的公司名称作为示范。

2. 如果参与者人数较少，可以让参与者将自己所创建的公司名称张贴出来以供其他参与者在休息间歇进行查看。

黏结气球

目的：更了解你；了解你；队伍建设；热身活动；纯粹娱乐
小组人数：20～200人
体力活动等级：高
估计时间：5～15分钟
道具：向每位参与者发放一个气球，并留出备份

在本项活动中，参与者通过相互协作以保持气球不会落到地上——但是不可以用手——增进相互之间的亲密感。本项活动适用于所有对趣味活动感兴趣的参与者。

> 凝聚力可以很好地衡量出人与人之间的友谊。有些人的友谊如同简易胶水，很快就能贴在一起，还散发着甜腻的气息，但是并不牢固，最终只会干枯剥落。有些人的友谊就如同强力胶——滴上一滴就足以使物体快速稳固地黏结到一起，不论是否应该贴到一起。而有些人的友谊就像橡胶胶水——两面都有黏性，接触后需要稳固一段时间才能黏在一起，但是所用材料和外部环境要保持适宜的状态。但是最为上乘的友谊无一例外得都如同胶黏剂：需要费力将胶黏剂贴在物体表面，然后等待一段时间，但是一旦两个物体黏在一起，就会很难分离。

说明：

1. 将参与者带到开阔空旷的场地，分为8～10人一组，各组成员成圆圈形站立。
2. 向每位参与者发放一个气球，参与者要将各自的气球吹鼓、系好。
3. 解释规则。

- 本项活动的目标是让各组成员使用手部以外的其他身体部位保持本组的气球不会落在地上，并在此过程中向本组的其他组员介绍自己。
- 中途如果有任何一个气球落地，该组成员要重新将捆绑在一起的气球放回原位，使用手部以外的其他身体部位保持气球不落地的状态。
- 在此过程中，参与者需要介绍自己的姓名及3件与自己有关的私人事件。
- 在保持气球不掉落的状态下，每当小组内有一名参与者完成自我介绍，就

在圆圈外将一个气球的气放掉，直至小组内所有参与者都完成自我介绍，圆圈内没有剩下的气球，本项活动结束。

4. 向各组成员发出活动开始的信号。
5. 大约 4 ~ 6 分钟之后，活动中止，确认完成活动的小组数量。

活动变化：

1. 向每组发放既定数量两倍的气球。
2. 也可以向每组发放一个大型气球。

提示：

1. 以游戏的形式进行本项活动。本项活动最适宜在开放、友好的氛围中进行。

2. 参与者可以想尽一切方法使气球保持不落地的状态——如参与者将膝盖聚在一起并将气球顶在参与者膝盖上（如果参与者之间的距离太近有可能会挤破气球）；也可以双脚并拢，在脚尖上传递气球。鼓励参与者以创新的方式维持气球不落地的状态。

3. 组织者可以对参与者维持气球不落地的方式予以幽默诙谐的点评。

备注：

我们的生活

目的：了解你；更了解你；自我表露

小组人数：6 ~ 20 人

体力活动等级：中

估计时间：4 ~ 6 分钟

道具：向每位参与者发放一张尺寸为 8.5 英寸×11 英寸的纸张

本项活动的趣味点在于参与者需要根据自身的生活场景绘制一幅素描，然后让其他参与者对该幅素描进行解说——绘制素描时不要写出标题。可以在会议的开始阶段开展本项活动，以增进参与者相互之间的了解。我个人认为本项活动不适用于经理人类型的参与者，也不适用于那些过往人生经历比较负面的参与者。

> 肥皂剧：满足了人们对于现实生活中无法达成的美好生活的间接幻想。肥皂剧之所以有这样的名称是不是因为这种不切实际的幻想是需要及时清除呢？

说明：

1. 向每位参与者发放一张纸。
2. 解释规则。

- 绘制一张能够反映“你的生活”的素描，并签上自己的名字。
- 由组织者将参与者的素描作品收集上来。
- 再由组织者将收集上来的素描作品随机发放给参与者（如果有参与者收到自己所绘制的素描，应该与其他参与者进行交换，或者将其重新交回给组织者）。
- 然后由参与者介绍自己所持有的素描作品，并阐述说明。
- 解说者在对素描进行阐述说明的时候，绘制者不得打断、干扰。
- 当所有参与者都完成了对各自所收到的素描作品的阐述说明后，绘制者有机会对自己的作品被曲解的部分进行更正说明。

3. 可以先让一名自愿者开始本项活动。

活动变化：

1. 可以发放卷筒纸，比如卫生纸，每位参与者五小格，在每个小格子里画出一个主要的生活场景。

2. 也可以将本项活动分阶段进行，在会议过程中穿插一些故事讲述的环节。

提示：

1. 向参与者说明，本项活动的侧重点不在于绘画技巧，而在于对画作异想天开式的阐述说明。

2. 每位阐述者完成讲解后，可以让所有参与者对该幅素描进行传阅。这会为本项活动添加趣味性。

3. 可以将素描作品张贴出来，这样所有参与者在休息间歇的时候可以进行查看。

最喜欢的事情

目的：了解你；更了解你

小组人数：6~200 人

体力活动等级：低

估计时间：2~5 分钟

道具：将“最喜欢的事情”活动列表按照不同内容类型剪裁成小卡片，向每位参与者发放一张小卡片。

参与者一般都乐于与其他人分享自己最喜欢的事情。本项活动适用于任何主题的会议，任何时间段及任何类型的参与者。

> 演讲时有热心的听众，明亮的会议室。
>
> 喷薄而出的灵感及足够的幽默感。
>
> 这都是我最喜欢的事情。

说明：

1. 将参与者分为两人一组。
2. 向每组发放一张卡片。
3. 让参与者与各自的同伴分享最喜欢的事情。

活动变化：

如果参与者的人数不是很多，可以让每位参与者与所有其他参与者分享自己最喜欢的事情。

提示：

组织者可以先说出自己最喜欢的事情列表作为示范。保证本项活动在轻松的氛围中进行。

备注：

“最喜欢的事情”活动列表

最喜欢的事情卡片

雨天里最喜欢做的事情。____________________

晴天里最喜欢做的事情。____________________

工作中的任务。____________________

宠物做过的事情。____________________

最喜欢做的事情。____________________

有关自己家庭的事情。____________________

有关自己居住地的事情。____________________

穿戴的衣物。____________________

时间的安排。____________________

聊天的话题。____________________

聚会活动。____________________

朋友做过的事情。____________________

最喜欢的地方。____________________

四张同点

目的： 了解你；更了解你；调剂冗长、枯燥的发言

小组人数： 10～40人

体力活动等级： 高

估计时间： 每轮8～10分钟

道具： 纸牌，每位参与者4张同点牌

在本项趣味性十足的活动中，通过玩纸牌的方式决定哪位参与者有机会透露有关自己的信息。可以在培训项目的开始阶段进行本项活动，如果效果不错，还可以在间歇及午餐后的时间段再次开展本项活动。

> 大多数人都玩过纸牌，最常见的玩法就是要拿到一个对子或者4张同点的牌。一旦有人拿到这两样牌，游戏宣告结束。但是如果将这种游戏再深入一步呢？

说明：

1. 将参与者分为5～8人一组。
2. 向每位参与者发放4张同点的牌。
3. 每组选出一名自愿者作为发牌员。
4. 指导每组的发牌员将本组所有成员的纸牌收上来，再洗牌。
5. 将洗好的纸牌重新发放给参与者。
6. 解释规则。

- 本项活动的目标是使参与者拿到4张同点的牌。
- 每当组织者说“发牌”，参与者就要向其右侧的组员传一张牌。
- 一旦有人拿到四张同点的牌，要说出口令“四张同点”，并将自己的牌倒扣放在桌子上。
- 拿到4张同点牌的参与者就要向本组成员讲述4件有关自身且不为人知的事件。

7. 开始本项活动，先让参与者玩几轮纸牌。

活动变化：

1. 在每次间歇之前或之后进行一次本项活动，可以保持本项活动的连续性。

2. 也可以通过本项活动进行信息回顾。指导各组将有关于本次会议主题的问题写在尺寸为 3 英寸×5 英寸的卡片上。一旦有人拿到 4 张同点的牌，就要进行自问自答，或选择问题进行回答。

提示：

确保本项活动快速进行。

钓“鱼”

目的：了解你
小组人数：8 ~ 100 人
体力活动等级：中
估计时间：5 分钟
道具：向领导者发放“钓鱼”活动列表；向每位参与者发放 3 张剪成鱼的形状的卡片或纸张作为鱼饵。

在本项活动中，参与者需要将钓鱼的过程应用到如何结识新朋友上，即刚刚认识新朋友时像钓鱼那样耐心地询问一些细节并开展对话。本项活动通过快速而简单的方式增进团队成员之间的亲密感。

当人们初次相遇，一般会流于表面地进行下面这样的对话：

“嘿，你好呀？”

“我很好，你怎么样？”

“总听别人提起您。”

“希望都是好事情。”（轻声地笑）

“当然，那是当然。”（轻声地笑）

“苏珊说您在老磨坊工作。”

“是的，我在那工作快 30 年了。”

如此之类。

当我们经过了初期试水的阶段，就会开始抛出真正的诱饵，并尝试得到相关信息：

“我看到您车上有个华盛顿红人队的贴纸。”

“是的，我一直是他们的球迷。您也看橄榄球吗？”

“那倒不是，我女儿珍妮弗在追华盛顿红人队。一场比赛她都不会漏掉。”

“哦，我也有个女儿。”

如此之类。

说明：

1. 向参与者说明，最快速的了解他人的方法就是向其提出一些具有意义的问题。

2. 向每位参与者发放 3 张剪裁成鱼的形状的纸张作为鱼饵。

3. 让每位参与者选一位自己并不认识或并不熟悉的参与者作为同伴。

4. 组队成功后，让参与者——开启对话的那位——在一分钟时间内写下 3 个要对其同伴提出的问题。

5. 然后给每组的两名参与者 4 分钟对话时间，轮流发出问题、做出回答。

活动变化：

1. 可以让参与者以多人小组的形式开展本项活动。

2. 可以让参与者自行指定想要提出的问题而非提供问题让参与者进行被动选择。

提示：

1. 讲述一个有关鱼的故事，尤其是鱼被钓走的故事。

2. 确认会议室内有多少个参与者扮演钓鱼者的角色，让这些参与者对自行指定的不同鱼饵进行解释说明。

备注：

“钓鱼”活动列表

开启对话的例子

1. 你最喜欢的电影有哪些？

2. 你认为一个完美的节日夜晚是怎样的？

3. 你在高中时期一般都参与怎样的活动？

4. 你使用怎样的交通工具？为什么？

5. 你最喜欢怎样的假期？

6. 你最喜欢怎样的体育运动？

7. 你支持哪个体育运动队伍？

8. 你最喜欢的业余爱好？

9. 你喜欢哪家餐馆？

10. 你最喜欢哪个电视节目？

玩偶匣

目的：了解你；更了解你；热身活动

小组人数：12～30 人

体力活动等级：高

估计时间：4～5 分钟

道具：向领导者发放一张“玩偶匣”活动列表

在本项活动中，参与者需要创建一份简单明了的人口统计图，并在同时获得调剂放松。但是玩偶匣活动并不适用于那些比较内向的参与者。虽然如此，参与到其中的成员会得到体能的调剂放松及会心的微笑。

> 如果你曾经看过小孩子玩自己的玩偶匣，就能回想起下面这种令人愉快的情景：带有节拍地摇动把手；在歌曲接近结束的时候适当放慢速度；在副歌爆发之前暂停一下——然后快速地摇动把手；面带轻松的表情伴以摇头晃脑的动作弹出玩偶；接着大笑，有时甚至笑破嗓子，自找麻烦的把玩偶再次弹回至匣子里。再重新开始这一系列动作。

说明：

1. 让参与者起立，走到活动场地中比较开阔能够自由地接近的区域。
2. 让一名自愿者走到活动场地的前方，与组织者共同表现玩偶匣游戏（组织者假装把握把手，哼唱《鼬鼠跳》的曲子；自愿者在听到“跳”时就跳起来）。
3. 解释规则。

- 本项活动的目的是让参与者根据各组的习惯制作人口统计表。
- 组织者提出一个问题，每位参与者都要回答。例如，组织者可以提问“你最常参加的体育运动是什么？”
- 组织者提问后，会说出口令“玩偶匣”，这时所有参与者都要开始反复说自己的答案。
- 给出同样回答的参与者要组成小组。
- 人数最多的小组带领其他参与者进行本轮“玩偶匣”游戏。

4. 由组织者提出第一个问题。
5. 默数 2 个数的时间作为停顿，并说出口令“玩偶匣”。

6. 当参与者完成组队后，让各组成员确认本组人数。从人数最多的小组开始向其他参与者说出本组的回答。

7. 然后按照上述步骤，提出其他问题。

活动变化：

可以为参与者提供问题的选项。例如，你最常参加什么体育运动？跑步、游泳、散步、网球。

提示：

本项活动可能会很吵。

备注：

“玩偶匣”活动列表

问题样本

1. 你最常参加怎样的体育运动?

2. 你喜欢的食品是什么?

3. 你一般在哪里度假?

4. 你搭乘什么交通工具上班?

5. 周五晚上你都做什么?

6. 你最喜欢的节假日是什么?

7. 你购物一般去哪里?

8. 你在业余时间一般都做什么?

9. 你最喜欢的颜色是什么?

无所不知

目的：了解你
小组人数：6 ~ 12 人
体力活动等级：中
估计时间：10 ~ 15 分钟
道具：名片；向每位参与者发放一张“无所不知”活动列表，该列表中写有每位参与者的姓名并留有空白以备书写评论；奖品

参与者在本项活动中可以相互了解，并依据各自的兴趣依次为其他参与者创建有趣的名字，与此同时获得欢笑。本项活动最好在项目开始阶段开展以使参与者相互了解。

> 你是否多次听到别人说，“我能记住别人的脸庞和其所做过的事情，但就是记不住名字。”我曾多次听别人这样说过——包括我自己。其实如果我们能用自己记住的有关他人的信息来称呼这个人也不错，“你好，刚从小岛度假回来的红头发先生”或“嘿，星际迷航超级粉丝先生”。

说明：

1. 向参与者说明，在本项活动中大家有机会进行相互了解，并为得到奖品而相互竞争。

2. 让参与者在各自的名片背面填写下列信息，包括目前的地址、最喜欢的工作、最尊敬的人、最佳品质、最喜欢的电影或电视节目。

3. 让参与者进行自我介绍，并与其他参与者分享各自在其名片背面填写的信息。

4. 当所有参与者都完成信息分享之后，向每位参与者发放 1 张“无所不知”活动列表。

5. 向参与者说明，3 分钟内在活动列表上写有某人姓名的空白部分写下自己还记得的有关他的信息。

6. 3 分钟之后，让参与者在活动场地自由活动，查看其参与者名片背面的信息，以确认自己所写信息的正确性。

7. 指导参与者按照下述方式为自己的列表打分，记住其他参与者的姓名计 1

分，记住有关其他参与者的一些事实陈述计 2 分。

8. 每组计分最高的男性及女性参与者分别获得小组内“无所不知先生”及“无所不知女士”称号，同时获得奖品。

活动变化：

1. 如果参与者相互之间非常了解，可以鼓励参与者写一些别的参与者不知道的事情。

2. 也可以通过非竞赛的形式开展本项活动。

3. 为了缩短本项活动的时间，可以让每位参与者只写 2 件有关自己的事情。

提示：

留意参与者各自所写的事情在活动进行中是否出现过，并尽力予以凸显。

备注：

“无所不知”活动列表

剪下本表格，并沿着中间的虚线折叠。使用该列表制作一张表格形式的名片。如果能将本张纸质名片复制到卡片纸或厚纸片上效果更好。

得到想要的分数

目的： 了解你；引入话题；热身活动；纯粹娱乐

小组人数： 10～40 人

体力活动等级： 高

估计时间： 4～6 分钟

道具： 向每位参与者发放一张八角形卡片

本项活动的目的旨在让参与者进行互动——不论是否能够真正达成目标，本项活动的目标是好的，其终极目标就是让参与者相互了解。但是，本项活动还可以用来介绍一个有关谈判的项目，或用来说服别人参与某项活动。

> 我认为人与人之间的互动只有当其中一个人从中获得了有价值的信息时才真正发生。以茶会或者鸡尾酒聚会为例，真正享受这种聚会的人知道自己能从中获得怎样的经验，而不明就里的人就会觉得无聊。

说明：

1. 向每位参与者发放 8 张标有顺序号码的卡片。

2. 向参与者说明各自手中所持有的号码代表着分数。所有参与者有 3 分钟时间同其他参与者交换分数卡，直至所有参与者手中的总分数为 40 分。规则如下。

- 同其他参与者进行谈判并交换分数卡；
- 所有参与者不得拒绝交换分数卡的要求，但是可以自行决定交换多少分数的卡片；
- 在交换分数卡之前，参与者必须先交流各自的姓名；
- 交换分数卡结束后，参与者必须相互握手；
- 通过交换手中的分数卡总分达到 40 分的参与者可以坐下。

3. 3 分钟后宣布游戏结束。确认获得 40 分分数卡的参与者。

活动变化：

可以改变游戏规则，这样参与者可以从其他参与者手中再次获得自己想要的分数。第一个达到 40 分的参与者喊出口令“我得到想要的分数了！”即成为冠军。

游戏终止。

提示：

1. 参与者在交换分数卡的过程中需要起立并在活动场地自由走动。

2. 如果能将活动纸张复制到卡片纸上，本项活动效果更佳。

3. 由于组织者手中有 10 种不同分值的卡片，但是只向参与者发放了 8 种，所以一旦参与者的总人数是 10 的整数倍，比如 10、20、30 等，就要向团队成员发放相同数量的各种分值的卡片。当参与者的人数较少时，可以只向参与者发放分值较大的卡片，保留分值较小的卡片。

备注：

“得到想要的分数”活动列表

1	2
3	4
5	6
7	8
9	10

命名团队

目的： 了解你；更了解你；创造力；队伍建设；会议开始节目
小组人数： 15 ~ 36 人
体力活动等级： 高
估计时间： 3 ~ 5 分钟
道具： 无

本项活动可以让参与者以高效简洁的方式为各自所在的团队命名。本项活动适用于会议的开始阶段，尤其当所有参与者都熟悉某一首歌曲的时候。

> 我家隔壁邻居家的孩子只要放学回家就会打开音响，直至其父母下班回到家。我是怎么得知他打开音响的呢？因为每天下午 3 点到 6 点，我家的墙壁都在颤抖。我是怎么得知他父母不在家的呢？这点我很有把握。因为如果音乐真的是人类通用的一种语言，为什么每个家庭在放音乐的时候父母和孩子都不在同一个房间待着呢？

说明：

1. 将参与者分为 5 ~ 6 人一组。
2. 进行为团队命名的活动，类似于为电台调频命名的活动，本项活动也需要音乐。
3. 解释规则。

- 各小组成员先简要地介绍自己，分享一些个人信息，直至同组成员找到一些共同感兴趣的话题。
- 一旦确定了话题，各组成员要想出一首大家都会并且能代表小组话题的歌曲。比如，如果小组成员年龄普遍偏大，可以选择歌曲《九月之歌》；而如果小组成员都出生在 4 月，可以选择歌曲《雨中曲》。

4. 当各组都确定了名字，让各组成员起立哼唱代表其小组名字的歌曲。

活动变化：

参与者可以使用乐器进行伴奏（如敲打桌子或梳子加入节奏等）。

提示：

1. 各小组命名时可以参照会议主题以达到强化会议主题的效果。
2. 在进行本项活动的时候不要播放音乐。

征友广告

目的：了解你；队伍建设；阐述一个话题

小组人数：10～40 人

体力活动等级：中

估计时间：20 分钟

道具："征友广告"活动列表

如果想通过即时、直接且面对面的方式介绍婴儿潮或某时代的人群，本项活动再适合不过了。本项活动可以达到以下目的：增进参与者相互之间的了解，引入评估或人格分析图（梅耶斯·布里格斯图），多元会话，分组或队伍建设。

> 征友约会服务——一种饶有趣味的概念。与一位和你志趣相投的对象约会甚至有助于找到人生的伴侣。我一直在想可不可以把这种交友方式运用到建立友谊甚至是结交商务伙伴的领域中去。在工作领域开展类似征友广告的想法可不可行呢？例如，约翰·史密斯，热衷思考，集体讨论的引导者（给我一个情景，我就能想出无数种可能性），寻找与我一样热衷于不断变换思考方式、不拘一格地达成最终目标的人士。再比如，伊丽莎白·宾利，历史学家、教育者、热衷于质量改进程序，寻找与她一起发现系统及程序中需要及时修改的漏洞，并提供相应解决方案的人士。

说明：

1. 向参与者发放"征友广告"活动列表，并填写各自的相关信息。
2. 当参与者完成信息填写，将活动列表张贴在墙上以供其他参与者阅读。每位参与者需要选择一张填写完成的活动列表并找到该列表的填写者，与该名参与者组成二人组进行下一项活动。

活动变化：

1. 如果参与者人数较少，让每位参与者读出他选择的征友广告，该广告的书写者的参与者向前一步。
2. 可以让参与者猜测每张活动列表是由哪位参与者填写的。

3. 可以让参与者相互填写活动列表。

提示：

可以在本项活动开始之前，将从当地报纸上剪裁下来的真实交友广告张贴在墙上以激发参与者的积极性。

“征友广告”活动列表

征友广告范例：

性别/种族：已婚黑人男性，年龄：48 岁

愿望：共同讨论书籍，在市区合伙使用汽车或玩壁球，男女性皆可。

兴趣/爱好：体育运动及烹饪

特质：不吸烟、喜欢悬疑故事，有三个孩子

见面地点：市区健身中心，阅读式咖啡座

工商管理硕士，寻找能够共同讨论书籍，上下班或玩壁球（午餐时间或上午）的伙伴，男女性皆可。本人不吸烟；喜欢悬疑小说，美食及咖啡；有孩子。可以在市区的健身俱乐部，阅读式咖啡座见面。

性别/种族：未婚白人女性，年龄：22 岁

愿望：寻找室友。

兴趣/爱好：热爱工作；喜爱中国烹饪、香熏、种植园艺、饶舌音乐、牛奶咖啡、上网

特质：不吸烟，爱养狗

见面地点：西区的宽敞公寓

未婚白人女性寻找位于西区办公场地的合租伙伴；只限不吸烟者；喜欢中国烹饪、香熏、异形植物、饶舌音乐、牛奶咖啡、上网；允许养狗。

征友广告

性别/种族：____

____

愿望：____

____

兴趣/爱好：____

____

特质：____

____

见面地点：____

随身包包突击检查

目的：队伍建设；了解你；更了解你；纯粹娱乐

小组人数：8 ~ 24 人

体力活动等级：中

估计时间：3 ~ 5 分钟

道具：向每位参与者发放一张“随身包包突击检查”活动列表

本项活动类似于成人版的寻宝游戏，参与者在各自的包包中找到活动列表中的物品，可以搜寻的包包括手提包，挎包，钱包及公文包。在会议开始阶段运用本项活动有助于使参与者增进相互的了解，在会议进行的过程中开展本项活动有助于参与者得到调剂放松。

> 我的手提包承载着我的人生，里面有：身份证、化妆品、照片、糖果、铅笔、信用卡、纸巾、名片、支票簿等。去年我和朋友苏珊娜一起参加一个会议。一天下午她散会回来后显得心烦意乱——她的眼镜从包中掉出来摔坏了。如今她随身带着的包像短途手提箱那么大。但是，最近另外一个朋友给她提出建议，认为如果苏珊娜随身携带的手提包再小一点会更有利于她的职业形象。所以，苏珊娜捶胸顿足得买了一个和开会时使用的包大小相似的新包。唯一的不足之处在于她的朋友忘了提醒她，包越小，能装的东西也越少。苏珊娜把大包里的东西原封不动的塞进了新买的小包里。当然她的眼镜也能塞进去。只是上次我碰见她时，她又换回了那个大包。所以你看，我们还是能够分清轻重缓急的。

说明：

1. 将参与者分为 5 ~ 10 人一组。
2. 向每位参与者发放一张活动列表。
3. 向参与者说明，每组要在 2 分钟的时间内尽可能找到列表中所罗列的物品，越多越好。每找到一件物品计 2 分。
4. 向参与者说明，大家也可以用一些同质的物品进行替代，但是同质替代品只能计 1 分。例如，使用艾维斯首选承租人卡替代赫尔茨一号俱乐部的金卡。
5. 2 分钟之后，让各组成员统计得分。

6. 让各组成员与其他小组分享他们找到了哪些活动列表中罗列的物品，使用了哪些替代品。

活动变化：

可以先给各组发一张空白的活页夹纸，让各组成员在其上写出本组成员或其他小组成员包里可能会有的物品。

提示：

向得分最高的小组发奖。

备注：

“随身包包突击检查”活动列表

活动列表

________________亲人的照片

________________无签名的信用卡

________________信用卡金卡

________________干洗店收据

________________购物清单

________________社会保险原始卡

________________民主党投票站的选民登记卡

________________赫尔茨一号俱乐部金卡

________________水牛镍币、小麦硬币或钢镚

________________黑梳子

________________电子传呼机

________________瑞士军刀

________________钱夹

________________健身俱乐部会员卡

________________附有照片的山姆俱乐部会员卡

________________食品或餐馆的优惠券

________________铸币

________________隐形眼镜盒

________________外地的餐馆火柴

________________手绢

勾选游戏

目的：了解你；热身活动；调剂冗长、枯燥的发言
小组人数：12～30 人
体力活动等级：高
估计时间：5～10 分钟
道具：将“勾选游戏”活动列表按照不同类型剪裁成小卡片，向每位参与者发放一张卡片；投影仪；投影仪专用笔；“勾选游戏”幻灯片

在本项活动中，参与者需要根据活动列表中的事件来确认该事件的执行者，并按照所确认的执行者人数计分。如果参与者相互之间比较熟悉可以在会议或项目的开始阶段开展本项活动，也可在活动进行的过程中开展本项活动使参与者得到调剂放松。

这是狗狗最喜欢的活动（幽默一下）。

说明：

1. 为“勾选游戏”活动列表中的每种类型准备一张幻灯片，并预留出空白处计分。
2. 向每位参与者发放一张活动列表卡片。
3. 向参与者说明，每人有 3 分钟时间在活动场地自由走动，并向其他参与者提出列表中所列出的问题，每当得到一个肯定回答就在问题的旁边标注一个对号。
4. 3 分钟后，向参与者就座。
5. 让每位参与者报告每个问题自己收集到多少个肯定的回答。
6. 在幻灯片上记下总数。
7. 在下一次间歇之前或之后，再次发放下一种类型的卡片。

活动变化：

1. 如果参与者针对某个问题收集到 10 个肯定回答，需要喊口令“勾选完成”。并向该名参与者发放糖果或小装饰品作为奖励。

2. 让各组进行积分并将分数予以统计。向每种类型问题得分最高的小组成员发放奖品。

提示：

活动列表中剩下的问题可以留着在今后的其他会议或座谈中使用。

“勾选游戏”活动列表

勾选游戏类型 1

你是否常常饮用意大利特浓咖啡？

你喜欢乡村音乐吗？

你有没有姑姑或婶婶？

你能否背诵出效忠誓词？

你曾经在阿尔卑斯上滑过雪吗？

勾选游戏类型 2

你是否拥有一辆客货两用车？

你是否参加过马拉松比赛？

你是否在巴黎的咖啡馆喝过咖啡？

你喜欢吃青豆吗？

你是否能用口哨吹出《带我去看比赛吧》的曲调？

勾选游戏类型 3

你是否拥有一台激光唱机？

你是否参加过远征非洲的狩猎活动？

你能说出电视连续剧《风流医生俏护士》中的四个角色吗？

这星期你去过健身俱乐部或游泳池吗？

你看过约翰·韦恩主演的《边城英烈传》吗？

勾选游戏类型 4

你是从其他国家移民到美国的吗？

你会弹钢琴吗？

你能说出七个小矮人的名字吗？

你有牛仔靴吗？

你是否曾在阳光明媚的加勒比海滨喝过热带饮品？

勾选游戏类型 5

你是否拥有一台除草机？

你是否能哼唱出《脱险家族》的主题曲？

你是否有一件皮夹克？

你是否去竞技场观看过牛仔竞技？

你喜欢鳄梨色拉酱吗？

勾选游戏类型 6

你吃过田鸡腿吗？

你是否参加过怪物卡车秀？

你是否拥有一台数码摄像机？

你是否曾经在大峡谷徒步旅行过？

你能说出一首国歌的名字吗？

共享软件

目的：了解你；更了解你；队伍建设；自我表露；尤其适用于人数较多的团队
小组人数：12～500 人
体力活动等级：中
估计时间：10～12 分钟
道具：无

本项活动旨在鼓励参与者相互分享一些私人物品，当然不要过于私人的物品，以此使参与者相互了解并建立一种归属感。一般情况下，参与者都会很喜欢参加本项活动。

> 我们所生活的时代最有代表性的一种副产品就是共享软件：如果有人创建了一种有趣、有用的软件，就会把该软件发到互联网上让其他人免费使用或改编。共享软件活动可以达到破冰的效果，因为参与者需要与他人分享自身的故事，不论故事本身对他人是否有趣或有用。如同共享软件，只要是无注册的就可以直接使用。

说明：

1. 将参与者分为 6～12 人一组。
2. 向参与者说明共享软件的概念。告知参与者本项活动的名称是共享软件，强调其类比含义，即本项活动是基于共享软件的概念，但是参与者无须真正创建一种产品。
3. 向参与者说明，每组成员都要讲述一个有关于参与者当时所穿着衣物的故事。比如，参与者可以讲述有关自己最近刚买的腰带、西装、手表或其他配件的故事。
4. 由组织者讲述一个有关自己穿戴的故事。
5. 参与者有 8 分钟时间讲述有关自己的故事。在讲故事的时候要保证其他小组成员能听清楚。
6. 8 分钟后，让参与者给出自己故事中用到的衣物作为例子。

活动变化：

1. 让参与者根据自己的穿戴编一个故事。
2. 指导参与者尝试将自己所穿戴的一些衣物卖给其他参与者。

提示：

1. 提醒参与者适当安排自己的穿戴，以便于讲述故事。
2. 本项活动的破冰效果非常好，有助于让参与者分享各自的工作经验。
3. 在本项活动中我曾经以自己所佩戴的手表作为故事的主题，因为那块手表是我 50 岁生日的时候我丈夫送给我的礼物。故事的情节是这样的，我 50 岁生日的时候，我的丈夫把这块手表放在咖啡碟上，并在附带的纸条上写着“在 110 的平均寿命中，我刚刚好 50 岁”。每次我都会向团队成员讲述这个有关手表的故事，因为我“不早不晚刚好 50 岁”。

备注：

姓名游戏

目的：了解你；精神有氧操
小组人数：10～40 人
体力活动等级：低
估计时间：3～5 分钟
道具：向每位参与者发放写有所有参与者姓名的列表

本项活动中，参与者需要依据名字所代表的常识性意义及著名人物进行分组。本项活动有助于参与者记住各自的名字，适合在会议开始阶段开展。

每当我们听到一个名字，就会很自然地把这个名字与其他名字、人物或事物进行联系。比如，我一位女性朋友叫做 Edie Sink。很多人都会说：“哦，就像 Steve 和 Edie？”或“那个橱柜品牌？”而更多的时候大家会问：“Sink 还是 Swim？”（我妹妹 Fran Sink 曾经跟一个名叫 Vern Tub 的人约会过。这是一个真实的故事！）

说明：

1. 向每位参与者发放一张写有所有团队成员姓名的列表。
2. 将参与者分为 2～4 人一组。
3. 指导参与者通过游戏的方式，将各位参与者的姓名与其他姓名或事物相联系来创建一个耳熟能详的组合。比如，Edie West 可以与 Donna North 配对联想，而 Ron Greene 可以和 Judy Brown 配对联想。Ben Cohen 与 Kim Gentle 可以组合成为 Gentle Ben，而 Sandy Lund 和 Dianne Shore 可以组合成为 Sandy Shore。Marvin Levy 与 Herman Strauss 就正好组成 Levy Strauss。
4. 各位参与者需要在 3 分钟之内完成姓名联想组合。
5. 3 分钟之后，让各小组报告其姓名组合的结果。

活动变化：

1. 可以先让各组成员集体讨论众所周知的姓名，然后再对照活动列表中的姓名进行联想配对。
2. 列出著名人物的姓名，比如科学家、哲学家、商人等，再对照活动列表中的姓名进行联想配对。

提示：

可以通过开展本项活动引入任何可以进行文字游戏的主题。

备注：

时间舱

目的：了解你；更了解你；队伍建设；自我表露

小组人数：6 ~ 20 人

体力活动等级：中

估计时间：5 ~ 10 分钟

道具：向每位参与者发放一张“时间舱”活动列表；向每个小组发放一个鞋盒

本项活动中，参与者需要携带自己珍藏的小物件与其他参与者分享，并创建自己的时间舱。

> 卡罗尔·特纳告诉我她的一位初中老师曾经让同学们带来对各自有纪念意义的物品，将其埋葬，来创建时间舱。我想未来的考古学家会通过这些东西了解到 20 世纪初中生的兴趣和习惯。我真心希望这个猜测会成真，这样我们就有东西留给未来的人了。

说明：

1. 在会议开始一周之前向参与者发放“时间舱”活动列表。
2. 参与者进场后，分为 4 ~ 6 人一组。
3. 向每个小组发放一个鞋盒，说明这个盒子代表着时间舱。
4. 让参与者将各自带来的具有纪念意义的物品放入这个时间舱。
5. 在会议进行过程中，让各组不定期地打开时间舱，从中拿出一个纪念品。
6. 让被取出的纪念品主人对其进行讲解。

活动变化：

如果参与者人数不多于 9 个人，可以让所有参与者将带来的纪念品全部放入同一个时间舱内。每当会议进行到需要破冰活动的时候，选取一个纪念品，让其所有者做出描述。

提示：

1. 如果有参与者没有随身携带一些具有纪念意义的物品，可以准备一些袋子，让这些参与者从自己的手提包、钱包、公文包甚至是车里找一些物品放入袋子里。

2. 如果参与者人数不多，组织者也可以参与到活动中来。

备注：

时间舱活动列表
（仅限于领导者）

领导者注意：在会议开始至少一周前向参与者发放列表样本。还可以附带一张介绍会议物资准备的信件。

在__________时间，请您参加主题如下的会议：__________。

会议的一部分内容是一项破冰活动，即与其他参与者分享对自己来说具有纪念意义的物品，以使其他参与者对你的生活有个概览式的了解。请随身携带六件具有纪念意义的物品（如图片、奖章、文章、衣服、书籍等）。我们将在会议中与其他参与者分享这些代表了人生不同阶段的物品。会议结束后可以将你的物品收回。

两人才能跳探戈

目的：了解你；分组
小组人数：10 ~ 40 人
体力活动等级：中
估计时间：5 ~ 15 分钟
道具：写有著名双人搭档的名片

本项活动通过参与者的笑容对其进行分组，鼓励参与者在做出笑容的时候尽量夸张一些，并由此得到乐趣。本项活动可以在项目进行的任何时间开展，可以达到很好的调剂放松作用。

> 下面这些格言都是耳熟能详的，比如“两个人才能跳探戈”及“三个臭皮匠，顶个诸葛亮”。不要理会“如果你能力强，独自作战吧”这样的说法。

说明：

1. 向每位参与者发放一张写有著名双人搭档之一姓名的卡片。比如，如果一名参与者收到的卡片上写有汉塞尔，那么一定有一张写有格莱特的卡片。向参与者说明，不得将自己收到卡片上的姓名透露给其他参与者。
2. 让各组转移至活动场地中比较开阔的区域站立。
3. 向参与者说明，各位参与者需要根据自己收到卡片上的姓名找到持有该搭档姓名卡片的参与者。完成本项任务并不像听起来那么简单，因为参与者不得公开说出自己卡片上的姓名，而是要与其他参与者逐个交流，尽量说出或做出卡片上姓名的人物会说会做的事情给予提示。每位参与者都如此寻找各自的同伴，直至所有参与者都找到同伴为止。比如，持有写着“汉塞尔”卡片的参与者在走动中可以说“我在想如何走出这片森林”，直至找到配对的“格莱特”。
4. 向参与者发出信号开始寻找同伴。
5. 当所有参与者都找到各自的同伴后，让各组向所有其他参与者介绍本组的那对著名搭档，也是以该对搭档的所说所做作为提示。

活动变化：

1. 可以让参与者通过不出声的表演来体现自己所代表的人物。

2. 可以向参与者中的一半发放所有的卡片，让持有卡片的参与者从未收到卡片的参与者中选择同伴。

3. 如果参与者人数不多，让所有参与者围坐成圆圈的形状，轮流说出各自所代表人物的一些特点，每次说一点，直至找到自己的同伴。

提示：

1. 向参与者说明本项活动的目的在于调节放松，尽量使本项活动在轻松愉快的氛围里进行。

2. 如果条件允许，可以让参与者通过夸张的表演来体现自己所代表的人物。

“两个人才能跳探戈”活动列表

汉塞尔	格莱特
维尼熊	跳跳虎
米奇	米妮
白瑞德	郝思嘉
蝙蝠侠	罗宾
安东尼	克里欧佩特拉
阿尔伯特	科斯特罗
乔治·伯恩斯	格雷西·艾伦
蒂米	灵犬莱西
大眼蛙	猪小妹
卡尔文	霍布斯
汤姆	杰瑞
希金斯教授	小杜丽
富兰克林·德兰诺·罗斯福	埃莉诺
拉维恩	雪莉
西斯科尔	艾伯特
刘易斯	克拉克
罗伊·罗杰斯	戴尔·埃文斯
唐尼·奥斯蒙德	玛丽·奥斯蒙德
桑尼	谢尔河

自选车牌

目的：了解你；更了解你；纯粹娱乐；非破冰类型
小组人数：6～24 人
体力活动等级：中
估计时间：2～4 分钟
道具：向每位参与者发放一张空白表格展示卡

本项活动对于很多参与者来说是一种实现梦想的机会，因为参与者有机会创建自己的车牌（不包含车本身）。本项活动有两个好处：无须为每位参与者制作展示卡；参与者可以进行相互熟悉并分享经验。

> 我从来没有为了得到带有特殊字词的车牌而花过冤枉钱。一方面是由于我不清楚如何在一整年的时间里面对同一个车牌，另一方面是我想保留一点个人隐私。我无法接受在通过商业区的停车场时，有人指指点点地说："看，艾迪·韦斯特公司的车"。

说明：

1. 向每位参与者发放一张可以立在桌子上的展示卡。
2. 向参与者说明，本项活动为大家提供机会创建自己梦寐以求的车牌。
3. 向参与者提供事例说明一些具有特殊意义的车牌，并让参与者举例说明亲自看过的特殊车牌。
4. 指导参与者想出一种符合自身特点的车牌，并写在展示卡上。不计空格，各位参与者所创建的车牌应该由 8 位字符组成，不论是字母、数字还是组合形式。
5. 告知参与者可以添加一些额外的装饰品（如佛吉尼亚的红色车牌）。
6. 参与者结束上述任务后，让参与者做自我介绍并解释为何会创建这样的车牌。

活动变化：

1. 可以让参与者组成 2 人小组，向其他所有的参与者介绍同伴及同伴的车牌。
2. 可以通过本项活动作为会议主题的延伸，让参与者根据会议主题创建车牌，比如，团队车牌或是客户服务车牌。

3. 除了展示卡，也可以按照展示牌的大小将厚的纸卡进行剪裁。

提示：

1. 组织者可以通过创建自己的车牌作为示范，并由此设定会议的主题基调。
2. 让参与者举例说明自己看过的一些特殊车牌。

侦探片

目的：了解你；更了解你；热身活动；调剂冗长、枯燥的发言
小组人数：10～20 人
体力活动等级：高
估计时间：3～6 分钟
道具：向每位参与者发放一张调查问卷；参与者信息纸板，空白的与填写好的各一张

本项名为侦探片的活动可以使参与者发现他人的兴趣、爱好及经历。本项活动在会议开始阶段进行有助于热身准备。

> 人类的一种日常行为就是观察其他人的行为，如他人的所做、所想、国籍、最近在忙些什么、之后会做什么等。对于某些人，接下来究竟会做什么？

说明：

1. 向每位参与者发放一张调查问卷的复印件，填写后收回，预留充分的时间让组织者根据参与者填写的有关兴趣爱好的信息填写“侦探片”活动列表。注意为每位参与者填写的兴趣爱好点数相同。

2. 准备“侦探片”活动列表，并为参与者复印该列表。

3. 将参与者带到一个可以自由活动的场地。

4. 向每位参与者发放一张“侦探片”活动列表，并说明该列表中包含有关参与者的信息。

5. 向参与者说明大家应该在 3 分钟内在活动场地上自由走动，并获得其他参与者的相关信息，规则如下。

- 本项活动的目标是尽可能地在列表的空格中收集签名，越多越好。
- 不得询问其他参与者有关其本人的信息有哪些。
- 猜测哪项事实是描述哪位参与者的，有 3 次机会。如果猜测正确，就可以让被猜中的参与者签名。
- 如果 3 次猜测都不对，该名参与者就在列表的背面签名，然后开始猜测下一位参与者的信息。

- 猜测同一位参与者的信息描述时，只有 3 次机会。

6. 3 分钟之后，宣布游戏停止，确认各位参与者猜测的正确率。
7. 对收集到最多签名的参与者颁发奖励。

活动变化：

如果参与者人数较少，可以让参与者猜测哪个盒子是团队成员所有的。

提示：

可以在活动列表中使用一些带有幽默元素或能够引导参与者讲述精彩故事的信息。

备注：

“侦探片”活动列表 I

姓名：______________________________

昵称：______________________________

公司名称：______________________________

工作职位：______________________________

兄弟姐妹（数量/性别）：______________________________

____

宠物信息（数量/种类/品种）：______________________________

____

最喜欢的时尚文章：______________________________

____

最喜欢的歌曲：______________________________

____

高中读书时间段：______________________________

大学：______________________________

车型：______________________________

最喜欢的周末休闲活动：________________________

____

孩子的姓名和年龄：________________________

____

最喜欢的球队：________________________

最佳品质：________________________

____

最差品质：________________________

____

尴尬时刻：________________________

____

____

____

最棒的一次假期：________________________

____

最喜欢的名人名言：________________________

____

“侦探片”活动列表 II

201

ICEBREAKERS

更了解你

新星诞生

目的： 队伍建设；更了解你

小组人数： 6~20 人

体力活动等级： 中

估计时间： 15 分钟

道具： 每个成员一个 8 英寸金色五角星

只要同事或团队成员能为每个参与者列出 5 种最佳品质，那么在这个活动环节中每个人都将成为明星。这个活动适用于那些曾经共同完成某项目的团队成员，不论该项目是办公室活动还是会话活动。可以在项目进行中的任何时间使用此活动。

> 在人生中的某个时间点，几乎所有人都曾经梦想自己成为“大腕儿”或“体育明星”。这主要是由于我们的社会所给予明星的认可。但是，对于一个团队来说，最重要的是让每个成员都得到认可。

说明：

1. 发给每个参与者一个五角星。
2. 向参与者说明每个团队成员都将承担一份重要任务以使该团队成功达成目标。
3. 让参与者在 10 分钟内按照下述流程找出 5 个能保证发挥其优秀品质的成员。
   - 让 5 位团队成员各自指出你的最佳或“明星”品质。
   - 让这 5 位团队成员在你的五角星上写出你的这些最佳品质并签名。
   - 每当有 5 位团队成员同时认可一位参与者的某种最佳品质并在其五角星上签名，那么一位明星就诞生了。
4. 10 分钟后，将所有五角星张贴在显著位置，以便休息时供大家阅读。

活动变化：

1. 让参与者在五角星上填写该名成员曾为团队做出的贡献以作为补充评论。
2. 发给每位参与者 3 个五角星。让其随机采访团队中其他三位参与者，并写下他们分别为团队做出的贡献。

提示：

本项活动的目的并非从团队中选出“明星”。确保你和所有团队成员在评估某个体对团队做出的贡献时使用的是同一衡量标准。

“新星诞生”活动列表

联想

目的：了解你；更了解你；自我表露；纯粹娱乐

小组人数：6～100 人

体力活动等级：中

估计时间：5～8 分钟

道具：“联想”列表，每位参与者一张

在这项激励活动中，参与者会掌握大家对某些词语、数字或图片所做出的联想。不同于弗洛伊德式的联想，参与者无须使用这些信息互相进行心理鉴定，本项活动只是为了娱乐。参与者在形成自己的数据基础上聆听他人的意见，并从中得到乐趣。

> 数字 4。这是我在高中篮球队中的固定球衣号码。原因很简单：我哥哥以前就穿 4 号球衣，他是明星球员。我很崇拜他。

说明：

1. 让参与者了解，本项活动旨在通过联想使团队成员更好地相互了解。
2. 将参与者分为 3 人一组。
3. 分发“联想”列表。
4. 让参与者用 1 分钟时间填写“联想”列表。在卡片的数字、图片和词语栏的 3 个空白处，分别写一种或两种联想事物。
5. 让每组成员用 3 分钟时间相互分享自身的联想。当然，小组分享时应该从自我介绍开始。

活动变化：

1. 如果参与者人数较少，可以让组内每位成员都进行分享。
2. 组织参与者在小组内进行分享。

提示：

开始本项活动，先分享一个你自己的联想。

“联想”列表

数字

16

40

100

1 000 000

图片

词语

孩子出生

毕业

巧克力

爱国主义

数字

图片

图片

行李提取

目的： 了解你；更了解你

小组人数： 12～40人

体力活动等级： 中

估计时间： 5～10分钟

道具： 行李卡，每位参与者一张

在这项活动中，参与者要在将其他人的面孔和姓名对号前增进相互的了解。本项活动适用于团队成员互相不认识的情况，因为这样成员间可以走动碰面相互了解。

> 我们大多数人都曾经搭乘飞机出公差或旅游，检查行李很有趣（即使有些麻烦也没有其他选择，毕竟这要比提着85磅重的行李在8分钟内穿越十几英里的机场舒服）。但是，在取回行李的时候我们大多数人不得不在行李提取处耐心地等待（或许很不耐烦地等待，因为除此之外别无选择），双眼紧盯着传送带，眼看着自己的行李缓慢地转出拐角却被别人误领。一般情况下，当他们意识到自己误领了别人的行李就会把它扔回到传送带上，我们这时才能大大地松一口气。但是如果他们误领了我们的行李然后扬长而去呢？偶然遇见穿着我们的衣服、戴着我们的鞋帽并使用着我们的梳妆用品的人是不是很尴尬呢？

说明：

1. 向参与者分发列表，并让他们按要求填写卡片上的内容以"收拾他们的行李"。
2. 向参与者说明本项活动流程，就如同在行李提取处误领了别人的行李。
3. 参与者应该在房间内走动，按照下述方法与其他参与者握手并介绍自己。

- 当某人第一次与另一个人握手时，双方应该互相进行自我介绍，并告诉对方自己的行李里有什么（即以他们卡片上填写的内容为基础）。
- 然后，这两个人互换"行李"并继续结交其他参与者。
- 当这两者结交其他参与者时，要与新结识的参与者握手并向其介绍自己，说明"行李"并非是他们自己的。然后以其手中卡片的内容为基础，向新结识的参与者介绍“行李”真正的拥有者及该“行李”的内容。

- 每次会面后，会面双方都要“交换行李”才能继续结识下一位参与者。

4. 本项活动的时间限制为 3 分钟。

5. 如果小组人数不多于 20 人，可以让参与者读出活动结束时其所持卡片拥有者的姓名，并基于其行李内容介绍该参与者，再将卡片物归原主，最后所有人都会拿到自己的那张卡片。

活动变化：

1. 让参与者在自己的卡片上画出自己的行李。

2. 如果组型不大，在读出每张卡片内容时可以让所有参与者来猜猜看是谁的。

提示：

1. 如果所有参与者的卡片都被收上来了，还可以用卡片来进行抽奖。

2. 可以用地图或旅行海报装饰活动房间。

备注：

“行李提取”列表

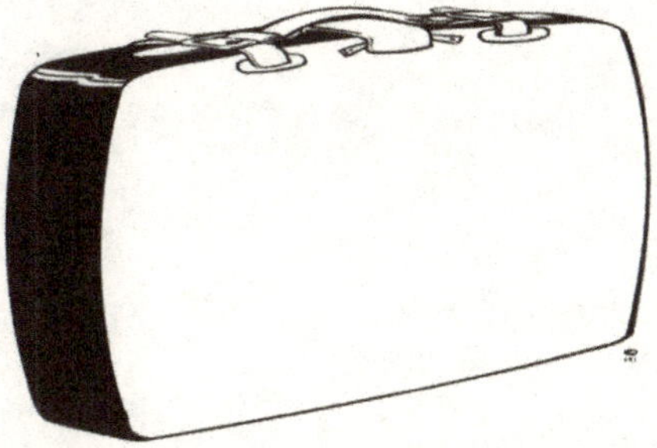

请用您人生中 5 件有趣的事情“填满行李箱”

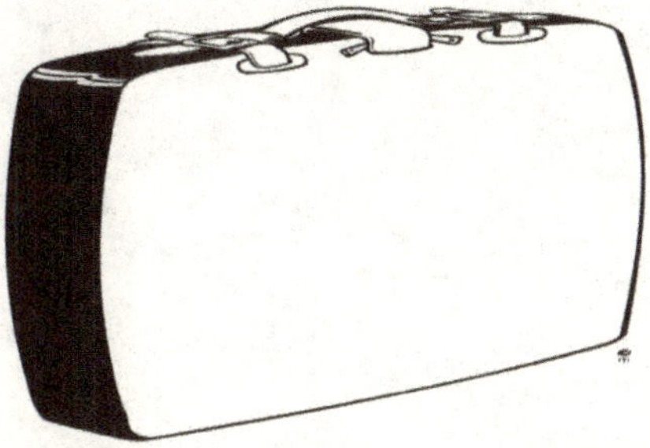

请用您人生中 5 件有趣的事情“填满行李箱”

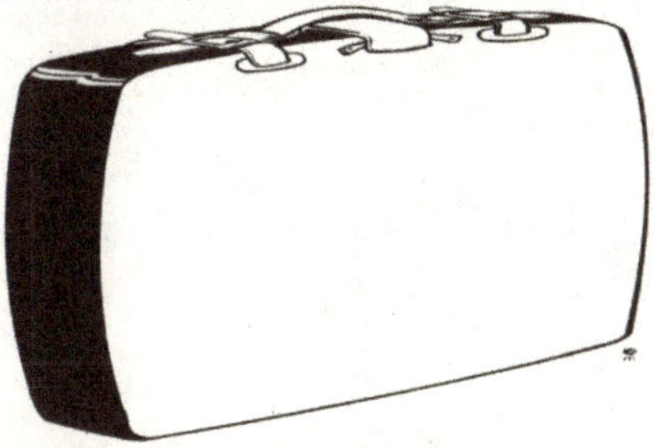

请用您人生中 5 件有趣的事情“填满行李箱”

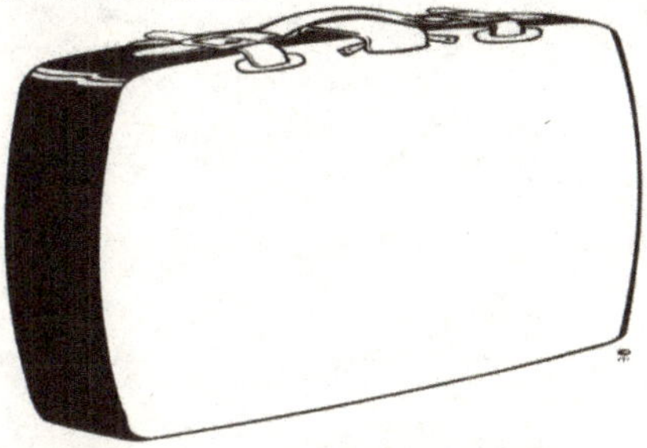

请用您人生中 5 件有趣的事情“填满行李箱”

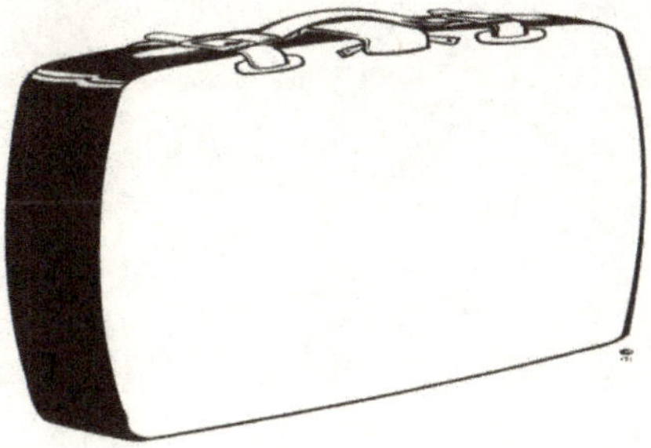

请用您人生中 5 件有趣的事情“填满行李箱”

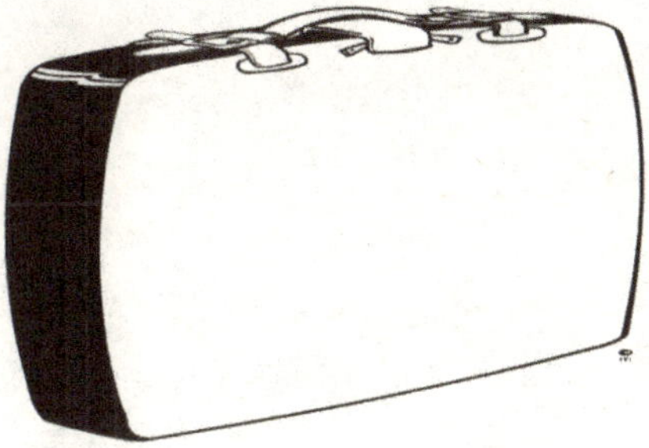

请用您人生中 5 件有趣的事情“填满行李箱”

与生俱来的权利

目的：分组；更了解你；热身活动

小组人数：15 ~ 50 人

体力活动等级：高

估计时间：5 ~ 7 分钟

道具：无

将参与者按照其家庭排行分组是让参与者建立相互联系的一种有趣方法，不论他们之间是否认识。可以在聚会开始或午餐之后进行本项活动来促进成员间的关系或给成员进行体能放松。

> 专家（“专家”指教导排行咨询课程的教授及相关专著的作者，如《排行学》的作者凯文·莱蒙博士*）指出人类的一些显性行为模式某种程度上取决于其在家庭中的排行。排行学是一个非常有趣的研究领域，尤其是对于那些从事与儿童及家庭相关的工作的人士来说，排行学无疑是具有研究价值的。

说明：

1. 向参与者做以下说明。

- 排行在我们童年时期的发展中至关重要；
- 在各自家庭中排行相同的人会有相同的经历及感受；
- 本项活动为这类人士提供了分享共性的机会。

2. 让参与者按照下述排行自行分成 4 组，并分别集中于房间的四角——长子、幼子、其他及独生子。其中其他是指并非长子、幼子或独生子的所有其他排行。

3. 当参与者完成分组后，使其在 2 分钟内对下述问题做出回答，并将回答中具有共性意义的内容记录下来。

- 身为家庭中排行第____的孩子有何优势？
- 身为家庭中排行第____的孩子有何劣势？

* Leman, Kevin. The Birth Order Book. 纽约：戴尔出版社，1985.

4. 2 分钟后，由每组的发言人公布答案。

活动变化：

1. 进行第二步之前，让参与者在面积为 3 英寸×5 英寸的卡片正面列出身为家庭排行第____的孩子所享有的各种优势，在反面相应地列出其劣势。在活动进行到第三步时，鼓励参与者们分享卡片，并对所列出的优劣势进行讨论，选出具有共性的内容。

2. 每组只需选出一种优势及劣势进行阐述，而其他组成员要对所列出内容进行讨论并猜测该组的最终答案。

3. 除了家庭排行，还可以让参与者从其所在组织中的排行的角度进行思考，如新雇员、供职 1～2 年、供职多年、一直效力于该组织（至少表面上是如此）。

提示：

1. 排行问题乐趣无穷。参与者会在活动期间反复提及这个问题。

2. 如果你对排行的问题一无所知，可以从图书馆借出或购买相关书籍以帮助你更好地理解本项活动的作用。

备注：

雪花游戏

目的：了解你；更了解你；引入话题；尤其适用于成员多的小组；队伍建设；热身活动

小组人数：12 ~ 500 人

体力活动等级：中

估计时间：2 ~ 5 分钟

道具：向每个参与者分发一张白纸（大约 4 英寸×4 英寸）

本项活动最适用于在冬季对任意类型的小组使用。本项活动可以快速开启交谈，尤其在参与者互不相识的情况下，本项活动有利于启动项目的开始环节。

> 面对 1996 年的那场暴风雪，我们在弗吉尼亚手动除雪，慢慢地铲出道路。大家除雪的方式各有不同：一些人（大多数为迁居至此的北方人）直接跳出家门，只要积雪达到一定厚度就用铁锹将雪铲开；有些人会等待，直到积雪形成硬壳，并逐渐在脚印和轮胎印上变成冰层才开始除雪；其他人会直接忽略积雪、照常生活，等待春天到来冰雪自动消融。我所在社区居民们的反应就能覆盖上述三种方法（不得不承认，我通常选择第一种方法，我曾在佛蒙特居住了 13 年）。

说明：

1. 向每位参与者分发一张白纸。
2. 指导参与者通过折叠及撕扯将纸张制作成雪花的形状。
3. 向参与者说明冬季的美景之一就是雪花，并提问他们雪花的特点是什么（他们可能会回答雪片各有不同）。强调这个众所周知的特点。
4. 向参与者说明下一项活动名叫雪花游戏，因为如同雪花看似一致实则各有不同一样，参与者在本项活动中有机会发现相互之间的不同特性。
5. 让参与者起立。
6. 向参与者说明他们有 2 分钟时间来结识新朋友，越多越好。
7. 参与者每次结识一个人时应该先握手，然后向新朋友介绍自己与其他人截然不同的特性。
8. 参与者每次在结识新朋友并完成信息交流后，互换手中自制的雪花，再去结识新朋友。

9. 2～3 分钟后，让参与者进行交流，并大声说出自己所接收到的互异性。

活动变化：

1. 除了将白纸制作成雪花形状，还可以制作成星星或阳光形状。
2. 让参与者先在自制的雪花上写出自身的特性。
3. 可以深入进行本活动——让参与者找出活动结束时手持雪花的所有者，并得到该人的更多信息。

提示：

讲解如何通过折叠、撕扯将白纸制作成雪花的形状。

备注：

代沟

目的：更了解你；引入话题；分组

小组人数：10 ~ 50 人

体力活动等级：高

估计时间：5 ~ 8 分钟

道具：每组一张“代沟”列表；在活动房间内张贴年龄标签，以 10 年为单位

按照年龄层进行分组，可以发现参与者对工作环境所持态度的不同点。通过本项活动的激励机制，可以发现参与者的不同特性，并使其获得对自身所属年龄组的归属感。本项活动适用于能从这类信息或启示中获益的小组。

> 几年前，我购买了斯鲁利·布罗尼克博士*的著作《企业栏板：在职业生涯中预见危机》。在该书中，布罗尼克博士举例说明了不同年龄段的人对其职业生涯的不同认知和实践情况。布罗尼克博士得出的结论是，“人们在职业生涯中所要面临的绝大多数危机是可以预见的。每个人所经历的职业危机都有其独特性，但是，各种职业危机中所呈现出的共性足以使人们对将要面临的重大危机做出预见并成功渡过难关”（布罗尼克，P.268）。我认为，不论从职业的发展、动机、多样性或改变管理模式的角度看来，这都是一种有趣的观念。

说明：

1. 向参与者说明，绝大多数情况下，不同年龄层的人对工作和职业生涯有着不同的理解。本项活动以 10 年为单位将参与者进行分组，并为参与者提供机会向其他人讲述自己的观点和看法。
2. 参与者应该加入离自身出生年代最近的小组。
3. 各组成型后，应选出一名书记员和一名发言人。
4. 向每组的发言人发一张“代沟”问题列表。
5. 各组成员用 3 分钟时间对活动列表中的问题进行集体讨论，并对每个问

* Blotnik. S. The Corporate Steeplechase: Predictable Crises in a Business Career. 纽约: Facts on File, 1984.

题形成共识性答案。书记员负责将此共识性答案记录在问题列表中。

6. 告诉大家 3 分钟后，每组的发言人要阐述本组的 3 个最为公认的答案。

7. 发出开始信号。

8. 3 分钟后，让各组按照年龄从小到大的顺序分别阐述该组对于列表中问题的答案。

活动变化：

1. 当每组都完成陈述后，让所有参与者共同分析这些答案的共性和差异。

2. 让每组的书记员将答案记录在活页夹式的纸张上，然后张贴在墙上以供所有人阅读。让参与者依照次序进行阅读，并找出各组之间的不同点。

提示：

1. 维护按照年龄分组的适度性。有些人不愿意透露自身的年龄，不要对其进行强迫或嘲弄。

2. 本项活动应该是轻松愉快的，但是当交流一些重要信息时，气氛会变得有些严肃。事先设置好活动进行的各个阶段及活动气氛，也可以随时观察参与者的反应，并随之做出调整。

3. 记住每组所特有的答案并予以验证。

备注：

“代沟”列表

1. 你认为自身在工作中所取得的成就应归功于下述哪个因素，人格技能、产品或工作技能，还是从教育培训中所获取的技能？

2. 你认为职业生涯中最为重要的是金钱、工作稳定性还是在工作中获得的成就感？

3. 如果你不满意自己所获得的酬劳，你会跳槽、压缩自身的工作量、还是和老板进行沟通？

4. 如果你与自己的直属上级发生分歧，你会委曲求全还是越级向更高层反映问题？

5. 你在工作中想要出人头地，还是得过且过地混迹于大多数？

6. 你更倾向于哪种工作方式，是作为某项目团队中的一员独立完成自己的份额，还是全权独立完成整个项目？

7. 你认为自己目前的技能水平已经足以获得职业生涯的成功，还是时常寻找机会参加课程及在职培训来提升自身的技能水平？

8. 你倾向于与本部门的新进员工打成一片并对其进行培训，还是让新进员工在工作实践中进行自我学习？

嘿，你好哇？

目的：了解你；更了解你；尤其适用于成员多的小组；热身活动
小组人数：15 ~ 500 人
体力活动等级：中
估计时间：2 ~ 5 分钟
道具：无

在本项活动中，参与者应该相互进行问候和会面。本项活动适用于任何类型的小组，即可以安排在聚会开始作为快速启动器，也可以安排在聚会的尾声阶段以突显人际交往的重要性。

> 有时我们在人际交往中显得漫不经心，因为我们每天都要面临挑战、失望、成功、喜悦、牺牲、痛苦和欢乐。我在新西兰生活期间，了解了一些毛利文化。让我印象最为深刻的就是他们对问候的重视。走进毛利人的家园，就是进入了一种彰显互相尊重及互相接受的礼制。

说明：

1. 单独设置一个环节向参与者说明美国人碰面时经常使用的问候语，如“嘿，你好哇？”，“在忙什么？”或“最近怎么样？”
2. 让参与者思考上述问候的最佳回应（他们大多会回答“很好，你呢？”或“没忙什么。你怎么样？”）。
3. 向参与者说明上述问候语中的问候和回答都不具有明确意义。除了常规的“很高兴见到你”之外，还有很多其他具有实际意义的问候语。
4. 向参与者说明，本项活动需要在问候他人时投入真情实感。
5. 让参与者思考一些可以使其展开真诚可信的对话所需要的问候和回应。
6. 举出一个例子，如“你好。能与您交谈我感到十分荣幸。能否告诉我，最近什么事情对您最为重要？”
7. 让参与者用 2 ~ 4 分钟互相认识，然后提问进行实际的问候。

活动变化：

1. 可以发给每位参与者一张问题列表，让其从中选择问题进行问候。

2. 可以以组为单位进行本项活动。

提示：

本项活动很受参与者的欢迎。不要低估本项活动的作用。

如果你能……

目的：热身活动；更了解你；引入话题；适用于非破冰类型人员；调剂冗长、枯燥的发言；队伍建设；纯粹娱乐

小组人数：16～88 人

体力活动等级：高

估计时间：3～5 分钟

道具：领导者使用的“如果你能……”列表

参与者将在本项活动中把自己比喻为任何事物，如曲奇或公司部门，通过这种有趣的方式进行自我表露。本项活动所提供的问题可以在聚会中的任何时段使用以激励参与者，但是对于那些脑力劳动者及经理人们，要追加一些涉及话题核心的实质性问题。他们会认为回答这样的问题才更有趣。

> 曲奇的社会角色之一就是庆祝与关怀：祖母会在曲奇罐中为特意前来看望的儿孙准备曲奇；人们会为身处困境的朋友送去曲奇；父母会为要放学回家的孩子们烘焙曲奇；节假日也少不了曲奇，如圣诞节、情人节、学校聚会及曲奇交换会。《烹饪之光》杂志*1996 年 3 月的一篇文章指出，当时一项覆盖全美国的调查结果表明美国人每年要消耗多于 1 500 000 000 磅的曲奇。

说明：

1. 组织参与者站立在活动房间的四角处，相互间预留出一定距离。
2. 解释规则：

- 我将提出一个问题，并给出 4 种选项；
- 我将指定出活动房间的四角分别代表的选项；
- 每当我提问完毕，参与者应按照自身的选择移动至目标角落；
- 站定后，参与者要与和自己做出同样选择的人交流做出此项选择的原因。

3. 开始本项活动。

---

* Linda Strom. Smart Cookies. Cooking Light, 1996 年 3 月.

活动变化：

1. 可以让参与者就座，以举手方式表示自己对问题的选择。

2. 可以使用这种方法进行有组织的、封闭式选择题调查。

提示：

1. 活动结束，可以让参与者交流自己为何做出这种选择。

2. 为增加趣味性，可以事先在活页夹纸上预测出该问题最受欢迎的选项，在参与者选择完毕后，展示你的预测。

3. 可以自行添加与该组相关的其他问题，他们的回应会很有趣。

“如果你能……”列表（发给领导者）

问题样本：

1. 如果能变成一枚曲奇，你会是什么口味的曲奇？（如巧克力棒、燕麦、花生牛油、糖果味）

2. 如果能成为一名舞蹈演员，你会是什么类型的舞蹈演员？（如芭蕾、踢踏舞、乡村舞、现代舞）

3. 如果能变成意大利面，你会是哪种意大利面？

4. 如果能成为好时食品公司的首席执行官，你会决定增量生产哪种糖果？

5. 如果可以在所属公司任选一个部门任职，你会选哪个部门？

6. 如果要与一位名人滞留在荒岛上，你会选哪位名人？

7. 如果能变成一只鸟，你会选择变成哪种鸟？

8. 如果能变成一种动物，你会选择变成什么？

9. 如果能变成一种设备，你会选择变成什么？

10. 如果能免费到世界上的任何地方，你会选择去哪里？

11. 如果能变成一棵树，你会选择变成什么树？

12. 如果能变成一种饮品，你会选择变成什么？

13. 如果能成为世界上任何一家公司的首席执行官，你会选择哪家公司？

14. 如果能成为历史上的一位名人，你会选择变成谁？

15. 如果能变成一种家具，你会选择变成什么？

让欢乐时光继续

目的：了解你；队伍建设；更了解你；热身活动
小组人数：5～20人
体力活动等级：高
估计时间：5～8分钟
道具：卷纸（如桌布）；亮色马克笔或蜡笔

在本项活动中，参与者将通过画图来描述自己业余时间中的“欢乐时光”。可以在聚会开始时通过本项活动使参与者相互认识，或在聚会中途开展本项活动进行调剂。我也曾组织小组进行本项活动，旨在让员工有意识地将“更好的自己”带到工作中来。

> 我在最近的一次聚会上得到启发，一名员工说：“我们应该多举行聚会，才能真正地相互了解。众所周知，我们下班后都变成了另一种人。”言外之意是，下班后那个真实的自己才是“更好的”。是什么阻碍了员工们将“更好的自己”带到工作场合呢？

说明：

1. 在墙上张贴一张横向长形纸，并在其上列出标题，“让欢乐时光继续”。
2. 让参与者思考在过去的一年至半年时间里，他们在业余时间中经历的最为欢乐的事情是什么。也许是一次家庭聚会，聚餐或野营。
3. 请所有参与者走近墙面，在纸上选择一块地方，以图画而非文字的形式展示自身的欢乐时光。每位参与者有3分钟时间来画自己的“欢乐时光”。
4. 3分钟后，邀请参与者依次上前，站在靠近自己图画的地方，向其他人讲述自己的欢乐时光。

活动变化：

1. 如果参与者身着便服，可以把纸张平铺在地上，让大家坐在地上画图。
2. 可以使用传真卷纸，并将其固定在桌子上。

提示：

1. 可用的色彩越多越好。
2. 鼓励参与者画图时画大一点，以增加图画远距离的辨识度。
3. 参与者在聚会中每当看到图画就会感到快乐。

人生的小提箱

目的： 了解你；更了解你；纯粹娱乐；适用于非破冰类型人员
小组人数： 6 ~ 12 人
体力活动等级： 中
估计时间： 3 ~ 5 分钟
道具： 无

在本项活动中，参与者要随身携带其日常生活的必需品。他们要在自己的钱包里找出 3 ~ 5 样最能代表其生活的物品，与其他成员分享。本项活动适用于那些不屑于参加“幼稚”活动的参与者。

> 作为礼物，钱包是一种常规而安全的选择。因为钱包总体而言是泛化型的，不是很私密，不是很昂贵，也无须搭配或试用，易于邮寄，且往往会得到预期中的经典反应，“哦，谢谢了。是个美观的真皮钱包。”我想这就是为什么大多数人会用着一个钱包，在抽屉里还留着两个备用的原因。

说明：

1. 让参与者翻看自己的钱包，从中找出 3 ~ 5 件能代表并反映其生活的物件与小组成员分享。
2. 让参与者开始分享自己的物件，每次一人依次进行。

活动变化：

可以让每位参与者从自己钱包中选取两件没有标识的物件放在桌上。然后请每位参与者从桌上的这些物件中选取两件，并猜出所选物件的主人。

提示：

1. 如果有参与者没带钱包，可以让他们从自己的口袋或公文包之类的地方选取物件。
2. 如果参与者已经将各自的物件放到桌上，在桌面清空之前禁止人员走出房间。

本我、自我和超我

目的： 了解你；更了解你；队伍建设；自我表露

小组人数： 6 ~ 16 人

体力活动等级： 中

估计时间： 4 ~ 8 分钟

道具： 杂志；胶棒、胶水或透明胶带；每位参与者一张人形卡片

参与者先从报纸及杂志上剪切下所需的图案花样，然后贴到代表自己的人形卡片上。本项活动有助于参与者更清晰地了解自己和其他成员。

这是我理想中的自己。这是别人眼中的我。这才是真正的我。

说明：

1. 向每位参与者分发一张人形卡片。

2. 分发杂志。

3. 指导参与者从杂志中剪下能代表其自身特点的图片和词句，再将其贴到人形卡片上。为增添乐趣，参与者也可以往其他人的人形卡片上贴图片和词句。

4. 完成人形卡片的粘贴之后，让参与者传阅他人的作品，然后将这些卡片贴到活动房间醒目的位置供大家浏览。

活动变化：

1. 可以让参与者猜测每张卡片的作者。

2. 可以让参与者按照上述流程为其他人而非自己制作人形卡片。

3. 除了以个体为单位，还可以告知参与者某团队成员的概括性特点，然后让参与者为该团队成员制作集体性的人形卡片，或让所有参与者集体完成某张特定卡片的制作。

提示：

1. 本项活动适用于参与者首次进入活动房间，等待聚会流程开始前的时间段以增进互相的了解。

2. 所选取的杂志种类要避免单一，尽量多样化。

备注：

本我、自我和超我

与我最相似

目的： 了解你；更了解你；自我表露；纯粹娱乐
小组人数： 10 ~ 100 人
体力活动等级： 低
估计时间： 3 ~ 5 分钟
道具： 每位参与者一张“与我最相似”列表

参与者通过将自己类比成幽默插图中的人物来增进相互之间的了解。本项活动适用于任何类型小组的成员来相互认识、加深了解或激励组员进行自我表露。

> “明星脸”。几年前，要想在联谊会上与任何一位有着明星脸的人合照是要付费的，不论此人长得像汤姆·赛莱克、多莉·巴顿还是其他明星。我也不能免俗地报名付费参加了这项活动，但是联谊会结束后，我却不知如何处理这种合照。我不想将它挂在家里，因为家里挂着众多我与家人和朋友的合照，那感觉很棒。但是更不能将其挂在办公室，因为一旦访客注意到这种合照就一定会问。他们要么会说“你真的见过××？”这时我就得回答，“不，并没有，我只是和有着明星脸的人合照罢了”。要么就会说“哦，我知道你只是和一位有着明星脸的人合照，我也可以那么做，但是我拒绝了”。这时我就得硬着头皮解释，“其实，我也不想这么做，但是当时大家照了……”最终我扔掉了这种合照。

说明：

1. 分发“与我最相似”列表。
2. 让参与者仔细观察列表上的图片，在与自身形象最为接近的图片下角画“×”。
3. 选定后，让参与者 3 人一组，与组员分享自己所做的选择及原因。

活动变化：

让各小组或团队把每位成员的选择制作成复合列表，再与其他小组分享。

提示：

如果小组成员不多，可以让参与者与所有成员分享。

“与我最相似”列表

我的偶像

目的：了解你；团队建设；更了解你

小组人数：10～15 人

体力活动等级：中

估计时间：4～5 分钟

道具：无

本项活动可以使参与者增进相互的了解，并获得别人对自己性格特质中优点的赞美。本项活动适用于除经理人之外的各种小组类型。

> 在成长过程中，我父亲总是劝告我不要以某个人作为自己不断完善的榜样，因为那个人不可避免地会让人失望。他认为我应该从众多人身上发现自己所需的优点，但是只以上帝为自我完善的目标，这样才不会失望。

说明：

1. 将参与者分为两人一组。
2. 两人要互相了解对方的职业和承担的责任。
3. 各小组成员共有 2 分钟时间进行相互了解（每人 1 分钟），再用 1 分钟把自己同伴的优点介绍给所有其他参与者，模拟推荐同伴担任公司某职位的情景，尽量通过自己的描述让同伴更具有竞争力。参与者在介绍时可以将自己同伴的优点最大化。
4. 活动开始，自愿发言的参与者优先开始。

活动变化：

如果参与者人数较多，可以将其分成多人小组，以小组为单位进行本项活动。

提示：

1. 尽管为了达到效果，介绍同伴的优点时会有夸大的成分，参与者还是会在这个过程中开始欣赏他人的价值和贡献。
2. 如果是在一个较长会议的开始阶段进行本活动，参与者可以在会议进行中的任何时间对介绍的信息发表评论——最好是幽默的评论。

备注：

列表笔记

目的：更了解你；调剂冗长、枯燥的发言
小组人数：6～60 人
体力活动等级：低
估计时间：每次 2～3 分钟
道具：为领导者发一张“列表笔记”列表；笔记用纸；三孔档案夹

参与者乐于创建界定其所在小组特性的列表。本项快捷活动适用于人数较少的小组以鼓励成员快速开始讨论并相互结识。对于任何类型的小组都适用，并且可以在会议进行中的任何时间开展本项活动。

> 当我的儿子们还未单独出去住之前，我经常在晚间收听各种有趣而古怪的图书列表节目。比如，大卫·沃勒钦斯基和艾米·华勒斯*所著的《图书列表：90 年代版》罗列的主题就包含了“二十位配戴眼镜的著名体育明星”及“后音乐生涯昙花一现的十大摇滚乐队”。

说明：

1. 向参与者说明他们要记录下能概括其所在小组特性的列表。
2. 将参与者分组。
3. 向每组分发一张活页纸。
4. 从列表中选取适合的标题。指导各小组将所选的标题写在活页纸上方，并向小组成员收集信息，创建相应的列表。
5. 当各组的列表创建完成后，收回活页纸并再装回至活页本中。

活动变化：

1. 创建列表时应该尽量选择与公司相关的题目，如在公司任职的时间。
2. 如果时间允许，聆听各组的列表。
3. 让各小组选择合适的题目来创建列表。

---

* David Wallechinsky, Amy Wallace. The Book of Lists: The 90s Edition. 波士顿: Little. Brown, and Company, 1993.

提示：

1. 保存好各个列表并复印，然后将复印件发放给下一次会议的参与者。

2. 活动开始后，先阅读《图书列表》或其他资源中的列表例子。

3. 含有参与者创建的列表的活页本应放在醒目位置，以便参与者在休息时阅读。

4. 大约以 1 小时为间隔，使用另一个列表重新开始本项活动。

“列表笔记”列表（发给领导者）

1. 列出家庭交通工具
2. 列出曾经养过的宠物
3. 列出可供收藏的物品
4. 列出所拥有的收藏品
5. 列出昵称
6. 列出所拥有的乐器
7. 列出曾经演奏过的乐器
8. 列出小组成员曾经参与过的团队运动
9. 列出最喜欢的歌曲
10. 列出最喜欢的电影
11. 列出祖父祖母的姓名
12. 列出当日的早餐
13. 列出最喜欢的度假景点
14. 列出最喜欢的足球队
15. 列出最近一次在电影院观看的影片名称
16. 列出旅游曾经去过的地方
17. 列出订阅的杂志名称
18. 列出最喜欢的曾打破纪录的电视节目
19. 列出第一次观看的音乐会
20. 列出人生中最高兴的一天

泡菜桶

目的：队伍建设；更了解你；结束活动
小组人数：5～15 人
体力活动等级：低
估计时间：15～30 分钟
道具：每位参与者一张泡菜卡（绿色卡片）

在本项活动中，各位参与者为团队所做的任何小事都会得到认可，“调味剂”的功效会让每位参与者都享受到当天工作的快乐。

> 我的儿媳妇金昨晚在我家过夜，这样我儿子就能不受干扰地完成法学院那份艰巨的作业。我们决定共度晚餐后租个电影光碟看，我丈夫负责挑选一部同时适合我们三个人观看的电影。他挑选了一部自己多年前曾看过的电影——《来电挡不住》，这是一部老幼咸宜的爱情轻喜剧。和我性格相似的人，大多会尽量利用身边可用的资源来承担破冰者的责任，也就是人们常说的：泡菜桶。

说明：

1. 提起泡菜，人们马上会觉得非常高兴或快乐，并发出诸如“我爱吃泡菜”或“热狗中如果没有泡菜就不好吃了”的感叹（也许只有北方人会做出如此强烈的反应）。泡菜的魅力在于尽管其本身大受欢迎，但只是作为一种调味剂，是正餐的一种补充。
2. 向每位参与者发一张泡菜卡。
3. 新进员工往往会得到更多的认可和赞赏，而“调味剂”式的员工，尽管至关重要却往往被忽略。向参与者说明，在本项活动中大家有机会思考自己在工作岗位上所承担的“调味剂”式的责任。
4. 让参与者在泡菜卡上列出自己在工作岗位上所承担的“调味剂”式的责任。
5. 让参与者选择同伴，并向同伴描述自己所做的“调味剂”工作对同事的工作、任务的完成及目标的达成有着怎样的价值。
6. 当参与者完成讲述后，其同伴要从这位参与者的泡菜卡上选取一个例子向小组内其他参与者讲述。

活动变化：

1. 同类替换，还可以用甜点来替换调味剂的概念。

2. 也可以跳过发放泡菜卡这一步骤，直接让参与者集体讨论类似调味剂的工作，并从中选出一个自己曾担任过的工作。

提示：

1. 若参与者不喜欢泡菜，可以让他们自行选择喜欢的调味剂。

2. 除非本项活动自然进行到午餐前的时间段，否则尽量不要在午餐前开展本项活动。

备注：

快速引用

目的：更了解你；自我表露；引入话题；结束话题
小组人数：4 ~ 20 人
体力活动等级：中
估计时间：3 ~ 5 分钟
道具：向每位参与者发一张“快速引用”列表

在本项活动中，各位参与者要针对所提供列表中选定的引用语表达自己的想法和感觉。可以在会议中的任何时间开展本项活动。

> 几年前读过的一个引用语不停地在我的脑海里出现。这句话出自汤姆·拉什*的《思维陷阱》第四章“自我怀疑陷阱”的开头：“我们必须确认的是我们自身价值的所在，而不是我们有多少价值。”

说明：

1. 创建“快速引用”列表并复印下来供参与者使用。
2. 向每位参与者发放一张“快速引用”列表。
3. 向参与者说明，在我们人生中总有那么一句名人名言，让我们感叹“啊哈”或让我们对自己生活的境况有醍醐灌顶的感觉。
4. 让参与者从列表中选出一句名人名言，并标示出来，或在纸上写出一句最适合其自身当下生活状况的名人名言。
5. 指导参与者写下与其所选名人名言有关的字句。
6. 让每位参与者将自己所选的名人名言及相关的注解与其他成员分享。

活动变化：

1. 以团队或两人小组为单位开展本项活动。
2. 如果想让某一组多表现一次，可以让该组再分享一句名人名言。
3. 介绍一些与主题相关的名人名言，让参与者从中选出最喜欢的，并说出原因。

---

* Tom Rusk. Mind Traps. 洛杉矶: Price Stern Sloan, 1988.

提示：

1. 如果使用本项活动作为调剂，可以尽量介绍一些幽默的名人名言。
2. 在此期间也可以讨论一些严肃的话题。
3. 创建“快速引用”列表，列出与参与者相关的大量名人名言。

冰箱磁贴

目的：了解你；更了解你
小组人数：6～30人
体力活动等级：中
估计时间：5～10分钟
道具：“冰箱磁贴”列表

通过交流各自冰箱上所粘贴的物品，参与者可以很好地交流私人信息。可以在会议开始阶段开展本项活动以帮助参与者相互了解，也可在会议中间开展本项活动作为调剂。

> 厨房中一般有两个地方专门留给特别的人或事。一是我们的冰箱，另一个是反映我们不停变更的祈祷名单的写字板。如果冰箱上贴着谁的照片，或写字板的祈祷名单中包含谁的名字，就证明此人对这个家庭有着特殊意义。通常情况下，我们的家庭成员总有照片被贴在冰箱上，同时名字被写在写字板的祈祷名单中。上次我的小儿子回家后，我们惊奇地发现写字板的祈祷名单上多了一个新成员——波士顿灰熊队。看看全国曲棍球联赛的战绩就知道其中的原因了。

说明：

1. 将参与者分为4～5人一组。
2. 向每位参与者发放一张“冰箱磁贴”列表。
3. 向参与者说明，冰箱磁贴上所贴的照片可以反映出这个人或家庭的许多信息。可以向参与者展示一些你自己家冰箱上所贴的照片。
4. 参与者的任务是在列表上画出自己冰箱上贴的物件，或经过考虑决定要贴的物件。
5. 画图结束后，让参与者与小组成员交流自己画的内容，并解释原因为何要画这样的内容。

活动变化：

1. 可以将所有参与者视为一组，让大家一起创建一个集体的冰箱磁贴。

2. 如果组型不大，可以向每人发一张大一点的列表，让他们画出冰箱及冰箱上贴的物件，然后与其他成员交流所画内容。

3. 会议开始前，通知参与者从自己家带来 5 件冰箱上贴的物件，与小组成员进行交流。

提示：

1. 如果参与者表示自己“不喜欢在冰箱上贴东西”，可以引导他们想想自己的信息板上写的内容来替代。

2. 如果参与者表示自己“从没理会过冰箱上贴着什么”，可以引导他们将列表想象成虚拟的冰箱，并在上面贴上任何他们喜欢的东西。

“冰箱磁贴”列表

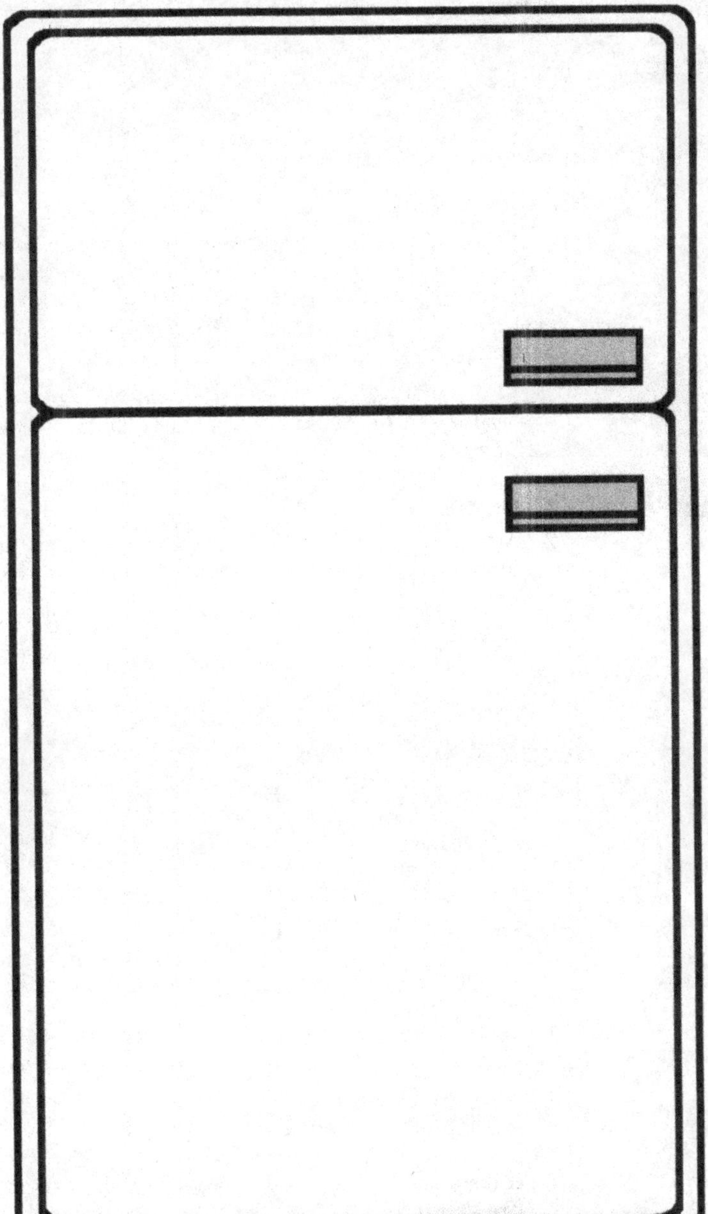

角色互换

目的：更了解你；引入话题；队伍建设

小组人数：4～40 人

体力活动等级：低

估计时间：5～10 分钟

道具：无

本项活动为参与者提供了一个机会，即在一分钟内扮演公司里另一个人的角色。可在会议的任何时间进行本项活动，以增进参与者对做艰难决策时所受阻碍的理解，也可凸显对同一情景或决策会有不同的理解角度。

> 一周之内，总会听到好几遍下述的感叹，“如果我是某某某的话，我就会……”（此处不仅指大选年中的政客们）。

说明：

1. 将参与者分为 3 人一组。

2. 让参与者承担其公司或组织中任何向往已久的职位，并以这个假设职位的身份向其他参与者做自我介绍。

3. 向参与者说明在“角色扮演者”自我介绍时，其他参与者每人可提一个问题。这位“角色扮演者”要从所扮演角色的立场上来回答。

4. 5 分钟之后，让每组对组员所扮演的角色及针对这个角色组员提了哪些问题进行介绍。

5. 注意在本项活动中大家会不可避免地产生纸上谈兵的倾向（旁观者总认为自己比真正做决策的当事人更清楚状况）。但是，在缺少所扮演角色的信息和经历的前提下，参与者所做出的反应都是假设性的，即使有深入研究的价值，但一定是缺少根据的。

活动变化：

1. 向参与者发放写有各种标题的活页纸，并让参与者按照纸上所列职位进行角色扮演。

2. 提供与话题相关的问题列表，让每位“角色扮演者”逐个回答列表中的同一问题。

3. 可以让每位参与者来扮演团队中另一个参与者的角色以加强队伍建设。

提示：

1. 如果组型不大，可以让每位参与者向整个团队进行自我介绍。

2. 本项活动既可以是轻松愉快的，也可以是严肃的（甚至是玩世不恭的）。由参与者来设定适合主题的氛围。

3. 本项活动可能会引发有关老板和经理的一些负面信息。如果你不想参与到公司的人事斗争，可能会避开本项活动，或在开展本项活动前，指出针对同一问题的不同回应不存在好与坏，只是考虑问题的角度不同而已。

备注：

塑形

目的： 了解你；更了解你；自我表露；队伍建设
小组人数： 6～12 人
体力活动等级： 低
估计时间： 2～5 分钟
道具： 向每位参与者发一张“塑形”活动列表

本项活动为参与者提供了一种有趣的方式来表露自己的个人信息。可以在会议开始阶段开展本项活动，以鼓励参与者介绍自己，也可让参与者以小组或团队为单位进行自我介绍。

> 在一个培训视频短片里，一个 Z 形角色要从盒子里出来。可他一出来就又想回到盒子里去，于是他推开盒子钻了回去。这段视频没有任何解说，只是采用动画形式。这段视频在任何层面上都可以提供有意义的解读。我经常在进行组织调整或解决问题时使用这段视频。

说明：

1. 向每位参与者发一张“塑形”列表。
2. 向参与者说明，不同人面对不同形状会产生不同联想。本项活动的目的旨在让参与者更多地进行交流。各种不同的形状使参与者的自我介绍变得更有趣味。
3. 指导参与者选出与自身最为相似的形状，并写出相似之处。
4. 让参与者分享各自所选的形状，并解释自己选取这种形状的原因。

活动变化：

1. 不必使用列表。相反，让参与者自行想出与自己相似的形状，画下来并说出相似之处。
2. 让参与者计算出自己对各种形状的选取次数。例如，有人会说“当我坐着看自己的银行存折时像正方形；当我在聚会上走动时像圆形；当我在面临有限而清晰的选择做决策时像三角形”。

提示：

鼓励参与者在各种形状上画出一些象征性的图案。例如，一块肌肉、卷发、蝴蝶结、耳中的铅笔等。

“塑形”活动列表

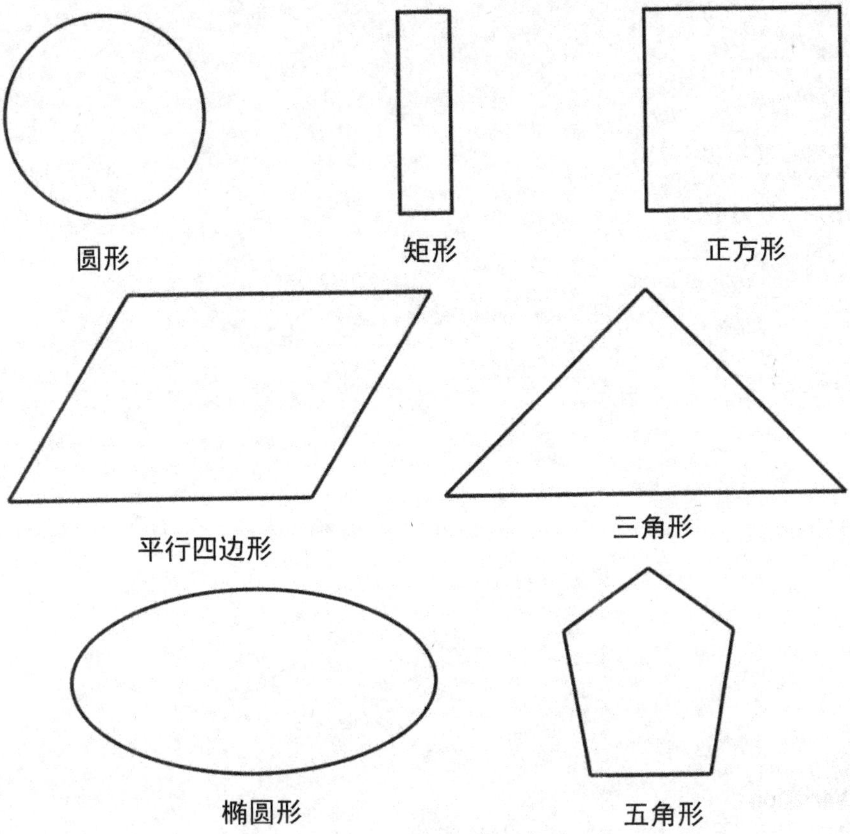

因为

我最像

周游世界

目的：了解你；更了解你；热身活动；引入话题

小组人数：12～48人

体力活动等级：高

估计时间：15分钟

道具：每组一张世界地图；每位参与者约10个图钉

本项活动为参与者提供机会来评价并与小组成员分享自身的旅行经历。可以在会议开始阶段开展本项活动以增进参与者的关系，也可在休息或午餐时间开展本项活动作为调剂，或为引入与全球化或多样性相关的话题时开展。

> 生活在一个旅行已成为常态而非奢侈的年代是不是很棒？我那78岁高龄的岳父还在以每年一次的频率自驾车横跨美国。

说明：

1. 每5～8人一组为单位将参与者分组，站在墙上所挂世界地图前。
2. 向每组发放用来装图钉的容器。
3. 指导参与者将自己曾经旅行过的地方用图钉在地图中标出来。
4. 提醒参与者，身处不同环境的经历可以拓宽自身的见识和理解力。
5. 让参与者从其曾居住或旅行去过的地方中选一个，与其组员分享在该地的一个真人真事，包括从该段经历中获得的道德感想及伦理启发。

活动变化：

1. 可以用曾居住或旅游过的州或城市来代替国家。
2. 可以用马克笔或大头钉代替图钉。
3. 如果全部参与者只有8～12人，可以共用一张地图。
4. 为曾居住或去过最多地方的参与者颁发奖状。

提示：

可以为每位参与者发放同一颜色的图钉，这样可以使其他参与者在观察地图时一目了然。

最棒的自己

目的：了解你；更了解你；自我表露；队伍建设
小组人数：6～60人
体力活动等级：中
估计时间：5～10分钟
道具：向每位参与者发放一张“最棒的自己”列表

本项活动中参与者要把自己曾获得的最高级的奖励写下来，与其他参与者分享。本项活动可以有助于队伍建设，还可增进参与者之间的了解。可以在会议的开始阶段或会议某阶段的开始开展本项活动，有助于参与者进入角色或理解相互依赖性。

> 上一周我和一位年轻人聊天，他说想在自己的工作岗位上呈现出最棒的一面。聪明的年轻人！他没有说“我要比别人都强大”，也没有说“我要成为公司中最厉害的人物”，而是说“我要成为最棒的自己”。这也是我们大多数人从演讲、教学、培训或指导中最想得到的效果，但是我们中的许多人（许多人也许不是很恰当）却经常情不自禁地在这种纯粹的追求中混杂与别人做比较的杂念，而这种想法是具有毁灭性的。

说明：

1. 以每4～6人一组为单位将参与者分组。

2. 向参与者说明，在20世纪60、70及80年代的美国高中都会举行“最佳学生”的评选。这些最佳的奖项包含“最聪明”，“最漂亮”，“班级之王”及“最易于成功”。这种评选的困难之处在于要在学生之间进行比较，并只能选出一个优胜者。以发展的眼光来看问题，就是只跟自己做比较，并自问“我何时才能获得成功”及“我怎样才能获得更多的才华？”

3. 向每位参与者发放“最棒的自己”列表，并在1分钟内填写列表。

4. 1分钟后，让参与者选定自己的同伴，并用1分钟时间与同伴分享（即每个2人组有1分钟时间进行分享）。

5. 1分钟后，让参与者向其他人介绍自己的同伴，介绍中要包含列表上的信息。

活动变化：

不必非得使用列表上的分类，可以让参与者自行想出自己喜欢的最棒分类。

提示：

1. 可以在本项活动开始前或进行中，让参与者以自愿的形式演奏 20 世纪 60、70 及 80 年代的音乐。

2. 本项活动的氛围应该是轻松愉快的。可以通过组织者自身的事例来激发参与者的幽默感。

3. 组织者先填写一份列表，以该列表上所填内容为例。比如，“穿着那件蓝色旧 T 恤和新的耐克运动鞋时，是我看起来穿着最得体的时候。”

备注：

“最棒的自己”列表

在每项陈述后填写内容：

1. 我“最聪明”的时候是：

2. 我“最容易获得成功”的时候是：

3. 我“最多才多艺”的时候是：

4. 我“最漂亮”的时候是：

5. 我是“班级之王”的时候是：

6. 我“最佳着装”的时候是：

7. 我是“最佳舞者”的时候是：

8. 我“最和善”的时候是：

9. 我“最喜欢自己状态”的时候是：

停车场

目的：了解你；更了解你；队伍建设；自我表露
小组人数：5 ~ 50 人
体力活动等级：低
估计时间：5 ~ 10 分钟
道具：无

本项开放性活动让参与者通过表露精挑细选的有关自身的信息，将自己比作不同类型的车辆。不论参与者之间是否认识，本项活动都很有效。

> 每个人都能说出几款自己喜欢的车，但并非每个人都能指出什么样的车和自己很像。正如主人与自己养的宠物狗会有几分相像，一起生活并变老的夫妻会越长越像一样，人们的性格确实会与自己长期使用的车有几分相似。稍微留意一下，你就会发现这种现象。

说明：

1. 将参与者分为 4 ~ 6 人一组。
2. 让参与者思考一种与其最为相似的车。
3. 每组选出一名自愿发言的参与者作为该组“车库”的第一辆车。邀请其组员共同猜测这位参与者会将自己比喻成什么车，并说出原因。当所有组员都猜测完毕，让该参与者说出所选车辆及原因。
4. 如果时间允许，让各组对自己“车库”中的车辆进行介绍。
5. 如果小组总数不多于 20 人，可以让各组向其他组介绍自己“车库”中都有什么车。

活动变化：

1. 如果参与者相互之间非常了解，可以让参与者互相为对方选取车辆并说出原因（有时即使没有任何指令，参与者也会自行在其他活动之后进行本项活动）。
2. 引导参与者描述自己所选取的车辆，如性能、好处等。
3. 让各组参与者用图画表示出自己所选车辆的主要性能，并展示给其他小组观看。

提示：

1. 本项活动适用于组织内部各个层级的小组。

2. 参与者会带着这个概念继续研讨会剩下的内容，为当天的会议带来了一些乐趣。

文字游戏

目的：更了解你；自我表露；引入话题；队伍建设；纯粹娱乐
小组人数：6～20人
体力活动等级：中
估计时间：2～5分钟
道具：“文字游戏”活动列表

这种类似常规文字联想和转换的游戏在参与者中会很受欢迎。可以在会议过程中的任何时间段开展本项活动，以使各小组专注主题、相互了解或只是作为调剂为会议增添乐趣。也可用于会议结尾来强化信息与概念。

> 最近一次搭乘飞机时，我和邻座的男士聊天。他向我提起他公司内部针对一种新型的团队工作结构所做的改变。他略带挖苦地说：“这无非就是换汤不换药。我们两年前尝试过团队工作的方式，但是由于我们并不适合这种工作方法而以失败告终。现在公司为团队工作换了一个新名字，还是实行不下去。”我问道：“你觉得这种换汤不换药的做法有用吗？”
>
> 他的回答非常有趣。他思考了一会儿，说：“我觉得还是有效的，至少主管们意识到以前的团队工作方式没有效果。我认为如果他们意识到要重新命名这种工作方法，也就是说他们有意要从上次失败的经历中吸取教训。”

说明：

1. 在会议开始前，为本项活动创建包含10个词的列表，并从这些词中选取3～5个作为“文字游戏”列表，再追加5～7个与你手头项目相关的词。
2. 向参与者说明，本项活动类似于以前大家都玩过的文字联想游戏，只是联想意义更为丰富。
3. 让参与者将收到的纸张设置为十行三列的格式。
4. 每当主持人读出一个词，参与者就在第一列里写出他们首先联想到的事物。
5. 依次读出所有词。

6. 然后主持人告诉参与者现在开始每读一个词，参与者要把听到该词后的第一感觉写在第二列上。

7. 将列表中的词全部再读一遍。

8. 主持人向参与者说明，要再读出一份含有 10 个词的列表，这次参与者要写下各自脑海中反应出的第一个实意动词。

9. 将列表中的词全部再读一遍。

10. 最后，主持人大声读出列表中的每个词，让参与者读出自己所反应出的事物（名词）、感觉和实意动词。

活动变化：

1. 只限于使用与项目相关的词。
2. 让每位参与者只分享自己对列表中同一个词的一种反应。

提示：

仔细听所念出的词，并留意该话题引发的态度和感受。

备注：

“文字游戏”列表

列表样本：

含有 10 个词的列表

1. 电
2. 暴雪
3. 冲突
4. 脱口秀
5. 笑声
6. 假期
7. 机场
8. 计算机
9. 诗歌
10. 赛马

队伍建设列表

1. 独立性
2. 认可度
3. 冲突
4. 队伍
5. 创造性
6. 同伴
7. 反馈
8. 系统
9. 孤独
10. 依赖性

趣味列表

1. 玩乐
2. 袋鼠上尉
3. 1967 年款福特野马
4. 娱乐
5. 野餐
6. 第一个玩具
7. 小狗
8. 比萨饼
9. 绿野仙踪
10. 泰迪熊

反侵权盗版声明